Frank Niessen

ENTMACHTET DIE ÖKONOMEN!

Frank Niessen

Entmachtet die Ökonomen!

Warum die Politik neue Berater braucht

Mit einem Geleitwort von
Prof. em. Dr. Peter Ulrich

Tectum

Frank Niessen
Entmachtet die Ökonomen!
Warum die Politik neue Berater braucht.
Mit einem Geleitwort von Prof. em. Dr. Peter Ulrich
Tectum Verlag Marburg, 2016
ISBN 978-3-8288-3623-5

Lektorat: Volker Manz
Coverabbildung: Eigene Darstellung

Druck und Bindung: CPI books GmbH, Germany

Besuchen Sie uns im Internet
www.tectum-verlag.de

Bibliografische Informationen der Deutschen Nationalbibliothek
Die Deutsche Nationalbibliothek verzeichnet diese Publikation in der
Deutschen Nationalbibliografie; detaillierte bibliografische Angaben sind
im Internet über http://dnb.ddb.de abrufbar.

Inhalt

Geleitwort: Wider den politischen Ökonomismus

Albert Einstein wird das Bonmot nachgesagt, er sei Physiker gewor-den, weil ihm die Geistes- und Sozialwissenschaften als zu schwierig erschienen. Zu Letzteren zählen, so müsste man meinen, auch die Wirtschaftswissenschaften. Wirtschaftliche Aktivitäten finden ja nicht im sozialen Vakuum, sondern in gesellschaftlichen und politischen Kontexten statt. Ökonomie ist, so verstanden, unausweichlich *Sozialökonomie*. Im sozialen Raum treten stets Konflikte zwischen Akteuren mit unterschiedlichen Interessen um knappe Ressourcen und Güter auf; die sozialökonomischen Verhältnisse bedürfen daher der *zivilisierenden* politischen Gestaltung. In einer wohlgeordneten Gesellschaft freier und gleichberechtigter BürgerInnen (*civil society*) müsste es selbstverständlich sein, dass auch und gerade das moderne »Wirtschaftsleben« nicht ohne Einbezug sozialphilosophischer und politisch-ethischer Gesichtspunkte verstanden und vernünftig gestaltet werden kann. Ganz sachgerecht entwickelten daher die liberalen Klassiker von Adam Smith bis John Stuart Mill, um nur zwei der bedeutendsten Vordenker zu nennen, ihr Fach unter dem Leitbegriff der *Politischen Ökonomie*. Und nicht zufällig waren manche dieser Klassiker, so auch die beiden genannten, zugleich bedeutende Moralphilosophen.

So verstandene Politische Ökonomie ist den heutigen Fachvertretern offenbar – um an Einstein anzuknüpfen – zu schwierig. Seit ihrer neoklassischen Wende im letzten Drittel des 19. Jahrhunderts orientiert sich die an den akademischen Wirtschaftsfakultäten fast ausschließlich gelehrte Standardökonomik oder eben *Mainstream Economics* viel lieber an den Methoden der Natur- als an jenen der Sozialwissenschaften. Demenentsprechend versucht sie tatsächlich so etwas wie eine naturgesetzlich gedachte *Sozialphysik* zu entwerfen: eine Lehre von kontextfrei geltenden ökonomischen »Sachgesetzen«, die zu befolgen Inbegriff einer von ethischen Beurteilungen und politischen Interessen ganz unabhängigen, »reinen« ökonomischen

Vernunft sei. Solche Pseudo-Naturwissenschaft blendet alle (sich historisch verändernden) kulturellen, sozialen und politischen Zusammenhänge aus. Die aus so betriebener Ökonomik abgeleiteten politischen Empfehlungen leiden von vornherein unter grundlegenden Verkürzungen: Sie sind Ausdruck eines ökonomischen Sachzwangdenkens, das die marktwirtschaftlichen Wettbewerbsverhältnisse unkritisch normativ wendet: Statt für die vernünftige Einbettung der Markt*wirtschaft* in die Gesellschaft, in der wir leben möchten, zu argumentieren wird uns unter der Hand – die »unsichtbare Hand« des Marktes (Adam Smith) lässt grüßen – eine mehr oder weniger totale Markt*gesellschaft* als Leitbild untergejubelt, in der das gesamte Leben und die ganze Welt dem Marktprinzip unterworfen werden.

Solange die Realpolitik diesen »wissenschaftlichen« Empfehlungen von Experten der (nicht wirklich) reinen ökonomischen Vernunft folgt, schreitet denn auch die *Durchökonomisierung der Lebensverhältnisse* ungebremst voran. Wer konkret treibt sie voran? Das liegt realpolitisch auf der Hand – nämlich vor allem in den durchaus sichtbaren Händen des politischen Lobbyismus mächtiger Wirtschaftsinteressen in Berlin, Brüssel, Washington etc. Wie weit ist solche Ökonomisierung legitim und wünschbar? Das kann von einer Wirtschaftswissenschaft, die sich von der Auseinandersetzung mit ihren normativen Voraussetzungen selbst abgeschnitten hat, in einer methodisch »disziplinierten« Weise gar nicht beantwortet werden. Gerade weil sich die akademische Standardökonomik fraglos als wertfrei und interessenneutral missversteht, ist sie der Vereinnahmung durch mächtige Interessen und der Indienstnahme für deren ideologische Rechtfertigung ausgeliefert.

Die Gefahr und Tendenz der Vereinnahmung für herrschende Interessen ist umso größer, als die Wirtschaftstheorie aus ideengeschichtlichen Gründen seit jeher von Wirtschaftssubjekten ausgeht, die dem Status, Selbstverständnis und Weltbezug des frühmodernen *Besitzbürgers* entsprechen. Dieser ist damit beschäftigt, sein Kapital »rational« – d.h. wertsteigernd – zu investieren; die Situation des besitzlosen Individuums, das sein einziges verwertbares Gut, nämlich seine Arbeitskraft, auf dem Arbeitsmarkt verkaufen muss, um sich und seine Familie davon ernähren zu können, ist nicht die seine. In der besitzbürgerlichen Denkwelt erscheinen Löhne und vieles mehr primär als Kosten, die es zwecks effizienter Kapitalverwertung zu »rationalisieren«, also zu minimieren gilt – für den Rest, nämlich für die Gemeinwohldienlichkeit solchen Wirtschaftens, sorgt in der konfliktfreien Idealwelt der »reinen« Ökonomik die unsichtbare Hand des »freien« Marktes. Es kommt politisch demnach nur darauf an, dass man die wohlstandvermehrenden Marktkräfte durch möglichst globale Deregulierung und durch die Entfesselung des Wettbewerbs ihr segensreiches Werk tun lässt. Kriterien, die unter Umständen *weniger* Wettbewerb auf *beschränkten* Märkten als rational erkennen lassen, kennt eine solche Ökonomik kaum.

Wenn diese Überlegungen zutreffen, greift aber auch die landläufige Kritik an der neoklassisch-neoliberalen Standardökonomik zu kurz. Der Haupteinwand geht üblicherweise nur dahin, dass ihre skizzierte Sozialphysik allzu *realitätsfern* modelliert sei und man deshalb auf ihrer Basis zu falschen wirtschaftspolitischen Einschätzungen und Empfehlungen gelange. Viel problematischer ist jedoch, dass die ökonomische Theorie als eine politische Ideologie fungiert, welche die Partikulärinteressen der wirtschaftlich starken Besitzbürger oder Kapitaleigner als identisch mit dem gesellschaftlichen Gesamtinteresse (Gemeinwohl) verklärt. Was als neutrale Sachlogik der Marktwirtschaft dargestellt wird, ist vor allem die parteiliche Interessenlogik des Kapitals (Kapitalismus). Und was fast noch schlimmer ist: Kaum jemand scheint es zu bemerken – weder die braven Studierenden noch die »Anwender« in Praxis und Politik noch die Lehrkräfte des Mainstreams selbst. Wen wundert's, solange die Standardökonomik sich als *alternativlos* darstellt und alle Ansätze, die ein anderes Wissenschaftsverständnis vertreten und von konkurrierenden normativen Voraussetzungen ausgehen, unbesehen als unwissenschaftlich aus den wirtschaftswissenschaftlichen Fakultäten ausgrenzt?

Der erste Schritt der geistigen Öffnung der herrschenden Ökonomik wird die bewusste Förderung eines *Pluralismus* von wirtschaftswissenschaftlichen Ansätzen in den Wirtschaftsfakultäten sein müssen. Interdisziplinäre Brückenschläge zu Ethik, politischer Philosophie und Sozialwissenschaften dürfen für akademische Nachwuchskräfte nicht mehr karriereverhindernd und identitätsbedrohend wirken; vielmehr müssen sie als sach- und problemgerecht und damit als Beitrag zum wissenschaftlichen Fortschritt wahrgenommen und anerkannt werden.

An dieser Öffnung des ökonomischen Denkens arbeitet das vorliegende Buch, und zwar in einer erfrischend eigenständigen und leicht verständlichen Weise. Typische standardökonomische Denkmuster werden anschaulich auf ihren Sinn oder Unsinn hin durchleuchtet. Daraus ergeben sich konkrete, wenn auch teilweise unbequeme Ansatzpunkte für eine andere, gesellschaftlich eingebettete und umweltverträgliche Sozialökonomie. Gewiss können die entworfenen Lösungsansätze nicht abschließender Art sein (und beanspruchen das auch gar nicht), aber sie geben Impulse, in welche Richtung das Denken über zukunftsfähiges Wirtschaften gehen könnte.

Den Schlachtruf »Entmachtet die Ökonomen!« braucht man im Übrigen nicht als Diffamierung einer ganzen akademischen Profession zu verstehen. Worauf es wissenschafts- und wirtschaftspolitisch tatsächlich ankommt, ist die *Entmachtung des Ökonomismus*, das heißt des Glaubens der ökonomischen Rationalität an nichts als sich selbst. Es geht um das Aufbrechen der ideologieträchtigen Selbstgenügsamkeit der herrschenden Wirtschaftstheorie und um die Rückgewinnung des ethisch-politischen Gestaltungshorizonts, von dem her überhaupt erst reflektiert werden kann, was heutzutage als vernünftiges Wirtschaften gelten soll.

Peter Ulrich

(emeritierter Lehrstuhlinhaber und Leiter des Instituts für Wirtschaftsethik an der Universität St. Gallen; Begründer der »Integrativen Wirtschaftsethik«, die mit der Erhellung der impliziten Normativität der ökonomischen Denkform ansetzt)

Einleitung: Vom Versagen einer Wissenschaft

Dieses Buch kann nur von einem Ökonomen geschrieben werden, der außerhalb des akademischen Betriebes steht. Es muss aber unbedingt geschrieben werden, wenn es für die Wirtschaftswissenschaft, und mit ihr für unsere Volkswirtschaften, Aussicht auf eine bessere Zukunft geben soll. Seit Jahren bestimmen Staatsverschuldung, Eurokrise und Deflationsängste die Schlagzeilen. Seit Jahrzehnten grassieren Massenarbeitslosigkeit, soziale Ungleichheit und Umweltzerstörung. Auch der Hunger ist zu Beginn des 21. Jahrhunderts noch nicht besiegt, jeder neunte Erdenbürger leidet heute unter Nahrungsmangel. Angesichts der Wucht und Vielzahl der aktuellen Krisenerscheinungen stellt sich vielen Beobachtern zu Recht die Frage, was eigentlich diejenigen tun, deren Aufgabe darin besteht, volkswirtschaftliche Probleme zu verstehen, kommende Entwicklungen zu prognostizieren und wirtschaftspolitische Lösungsstrategien zu erarbeiten. Offensichtlich will es den etablierten Ökonomen seit Generationen nicht gelingen, die Ursachen unserer Dauerkrisen richtig zu erfassen, geschweige denn zielführende Lösungen zu deren Überwindung anzubieten. Es gelingt ihnen mitunter ja nicht einmal, folgenschwere Entwicklungen wie die Finanz- und Schuldenkrise überhaupt nur vorauszuahnen.

Zwischen 2000 und 2006 war ich selbst Teil der akademischen Volkswirtschaftslehre. Als Studierender an der RWTH Aachen durfte ich eine klassische universitäre Ausbildung durchlaufen und meine Disziplin von Grund auf kennenlernen. Bei aller Begeisterung blieb mir das Fach aber irgendwie fremd. Obschon ich meine Prüfungen mit Bravour meisterte und mein Studium sogar als Jahrgangsbester abschloss, hatte ich zu keiner Zeit das Gefühl, mich in wirtschaftlichen Fragen wirklich gut auszukennen. Daran änderte auch meine anschließende Doktorarbeit nichts.

Mit einer gewissen Erleichterung lese ich heute, dass es einem der populärsten Ökonomen der Gegenwart – nämlich Thomas Piketty – zu seiner Studienzeit genauso ging. In der Einleitung seines internationalen Bestsellers *Das Kapital im 21. Jahrhundert* schreibt der französische Star-Ökonom über seinen Studienaufenthalt in den USA:

> »[…] eines war merkwürdig: Ich wusste, dass ich von den ökonomischen Problemen der Welt keine Ahnung hatte (meine Dissertation bestand aus einigen relativ abstrakten mathematischen Theoremen), und dennoch war ich in meiner Zunft beliebt.«[1]

Wie seine paradoxe Situation zu verstehen ist, erklärt Piketty gleich mit:

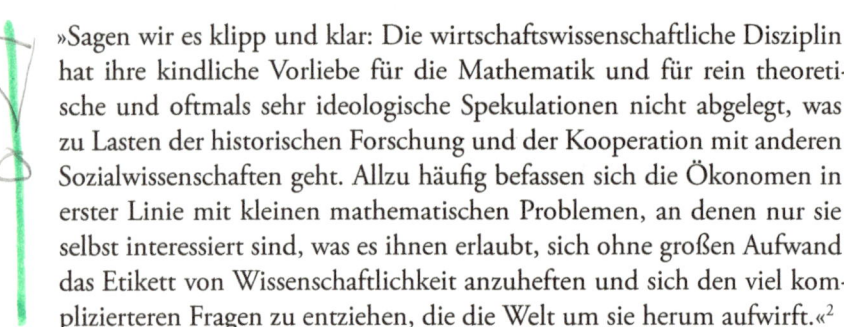

> »Sagen wir es klipp und klar: Die wirtschaftswissenschaftliche Disziplin hat ihre kindliche Vorliebe für die Mathematik und für rein theoretische und oftmals sehr ideologische Spekulationen nicht abgelegt, was zu Lasten der historischen Forschung und der Kooperation mit anderen Sozialwissenschaften geht. Allzu häufig befassen sich die Ökonomen in erster Linie mit kleinen mathematischen Problemen, an denen nur sie selbst interessiert sind, was es ihnen erlaubt, sich ohne großen Aufwand das Etikett von Wissenschaftlichkeit anzuheften und sich den viel komplizierteren Fragen zu entziehen, die die Welt um sie herum aufwirft.«[2]

Piketty war klar, dass die Wirtschaftswissenschaft auf diese Weise keine hilfreichen Erkenntnisse zutage fördern kann. Entschlossen kehrte er alsbald nach Paris zurück, um als Direktor der *Ecole des hautes études en sciences sociales (EHESS)* eine andere Richtung einzuschlagen. Ohne Rücksicht auf die unter seinen Fachkollegen übliche Gepflogenheit, Wirtschaft anhand kleinteiliger mathematischer Modelle zu erörtern, untersuchten er und seine Mitstreiter von nun an große wirtschaftshistorische Zusammenhänge, nämlich insbesondere die Entwicklung der sozialen Ungleichheit ausgehend vom 18. Jahrhundert. Mit seiner historisch-vergleichenden Herangehensweise und seinem Sinn für große Fragen ist Piketty eine seltene Ausnahmeerscheinung unter akademischen Volkswirten. Vielleicht macht gerade das seine außerordentliche Popularität aus (insbesondere unter Nichtökonomen). Auf der anderen Seite gelingt es nach meinem Dafürhalten selbst einem so außergewöhnlichen Ökonomen wie Piketty nicht, die großen Krisen unserer Zeit in hinreichender Tiefe zu erfassen und entsprechend ausgelegte Alternativen für die Wirtschaftspolitik zu eruieren. Hierfür scheint sein Abstand zur akademisch betriebenen Volkswirtschaftslehre dann doch nicht groß genug zu sein – hierzu später mehr.

Während Piketty als Absolvent früh erkannte, dass sein Mangel an ökonomischem Weltverständnis einer unzulänglichen akademischen Ausbildung geschuldet war, dominierten meinerseits intellektuelle Selbstzweifel. Nicht in einer schlechten Lehre, sondern in einem unzureichenden Denkvermögen glaubte ich meine Unkenntnis der ökonomischen Wirklichkeit begründet zu wissen. Statt selbstbewusst eine akademische Karriere anzustreben, orientierte ich mich folgerichtig einige Nummern kleiner und heuerte als Lehrer an einer Sekundarschule in meinem Heimatort an. Dort bin ich bis heute geblieben, und ich muss sagen, dass mir die tägliche Arbeit mit den Jugendlichen viel Freude bereitet. Sie ist derart bereichernd und sinnstiftend, dass ich diesen Job heute eigentlich gar nicht mehr gegen einen anderen einzutauschen bereit wäre. Nichtsdestotrotz haben mich mein Wissensdurst und mein Forscherdrang nie ganz losgelassen. Leidenschaftlich gern beschäftige ich mich weiterhin mit volkswirtschaftlichen Problemen, wann immer meine freie Zeit es erlaubt. Im Zentrum stehen dabei stets dieselben großen Fragen, deren Beantwortung mir im Rahmen meines Universitätsstudiums verwehrt blieb: Worin liegen die tieferen Wurzeln der aktuellen Krisenerscheinungen? Und was kann man tun, um die vielfältigen Krisen unserer Zeit zu überwinden?

Inzwischen dauert meine autodidaktische Antwortsuche schon über acht Jahre an. Das Spannendste daran ist, dass ich in dieser Zeit fast mehr über die akademische Disziplin »VWL« selbst lernte als über ihren Untersuchungsgegenstand. Ich begann nicht nur zu begreifen, wodurch die großen ökonomischen Verwerfungen unserer Zeit ursächlich erklärt werden könnten, sondern auch und vor allem, warum hochintelligente und hochdekorierte Wirtschaftsprofessoren eben diese Erklärungen übersehen.

Meine diesbezüglichen Erkenntnisse möchte ich im vorliegenden Buch präsentieren. Dessen Kernthese lautet, dass unsere Wirtschaftsexperten die Krisenerscheinungen der Gegenwart deshalb nur unzureichend erfassen und deuten, weil sie zu einer besseren Analyse schlicht und einfach nicht in der Lage sind. Nicht etwa, weil ihnen die intellektuellen Kapazitäten dazu fehlten – über diese verfügen sie ohne jeden Zweifel. Sie scheitern auch nicht etwa daran, dass ihr Untersuchungsgegenstand, nämlich das ökonomische Zusammenwirken von Menschen und Institutionen, zu schwierig zu begreifen wäre – denn begreifbar ist er trotz seiner immensen Komplexität, zumindest in Grundzügen, durchaus. Die Ursache ihres Nichtkönnens liegt vielmehr in einer gewohnheitsmäßig tradierten, unhinterfragt angenommenen und insofern überaus starren, viel zu engen Forschungsperspektive. Das Nichtkönnen der etablierten Ökonomen resultiert aus historisch gewachsenen Denkstrukturen und Analysewerkzeugen der Volkswirtschaftslehre als akademische Disziplin. Je stärker Ökonomen die herrschenden Paradigmen ihrer Disziplin annehmen, umso eingeschränkter ist ihre Fähigkeit, die richtigen Fragen zu stellen und treffende Urteile zu formulieren. Je enger unsere Ökonomen mit dem akademischen Betrieb verwoben sind, umso geringer wird die kritische Distanz zu ihrer Disziplin und zu ihrem Forschungsgegenstand, und umso »betriebsblinder« fallen ihre Analysen aus. Das hier unterstellte Nichtkönnen berührt damit die psychologische Natur der Forscher im Sinne ihrer Mentalitäten und Gewohnheiten, keineswegs aber ihre intellektuellen Möglichkeiten.

Wenn eine umfassende und vorurteilsfreie Analyse unserer ökonomischen Probleme von den etablierten Ökonomen nicht geleistet werden kann, brauchen wir, so lautet die zweite Kernthese dieses Buches, eine völlig neue wissenschaftliche Herangehensweise und damit vermutlich auch neues, unbelastetes wissenschaftliches Personal. Es ist kaum zu erwarten, dass von den alten akademischen Eliten die nötigen Impulse ausgehen werden, die bisherigen Denkmuster und Forschungstraditionen radikal zu hinterfragen.[3] Um wissenschaftlichen und damit gesellschaftlichen Fortschritt zu erzielen, bedarf es insofern einer Entmachtung der führenden Ökonomen.

Entsprechend der beiden Kernthesen ist dieses Buch gegliedert. In den ersten drei Kapiteln will ich die genaueren Umstände, die zum flagranten Nichtkönnen der akademischen Ökonomen führten und führen, differenziert erläutern. Zunächst steht dabei das methodische Selbstverständnis der Ökonomie auf dem Prüfstand (Kapitel 1: Vorsicht Lehrbuchökonomie! Von blinden Flecken und nutzlosen Modellen). Hier will ich zeigen, wie die von Piketty bereits monierte Fokussierung auf mathematische Modellierung und formale Details den dringend benötigten Blick auf das Wesentliche verstellt. Die Kapitel 2 und 3 gehen über die methodische Kritik hinaus und betreffen im Übrigen auch Piketty selbst. Im zweiten Kapitel (Wirtschaftswissenschaft als Herrschaftsmythos) lege ich die ideologischen Scheuklappen der Wirtschaftswissenschaften offen. Fast alle Ökonomen, so lautet meine Vermutung, forschen und argumentieren bewusst oder unbewusst in einem streng systemkonformen Rahmen, weshalb ihnen unorthodoxe, aber aufschlussreiche Sichtweisen verborgen bleiben. Das dritte Kapitel (Und es interessiert doch: Das übergangene Zinsproblem) legt das Augenmerk auf ein besonderes Phänomen, das Ökonomen seit Generationen hartnäckig vernachlässigen, nämlich den Zins. Von den etablierten theoretischen Schulen wird der Zins als mögliche Krisenursache völlig verkannt, wenn nicht gar tabuisiert – ein Umstand, den ich inzwischen als eine der größten Fehlleistungen der gesamten Wissenschaftsgeschichte betrachte.

Der Untersuchung des Nichtkönnens unserer akademischen Wirtschaftsexperten folgt in den Kapiteln 4 bis 6 die Beschäftigung mit der notwendigen Veränderung ökonomischer Forschungsarbeit. Im vierten Kapitel (Leitlinien für eine neue Wirtschaftswissenschaft) möchte ich zunächst ganz grundsätzlich darlegen, wie wir die Wirtschaftswissenschaft derart neu aufstellen können, dass Missstände und Versäumnisse, wie sie in den ersten drei Kapiteln beschrieben wurden, künftig ausbleiben. Die beiden letzten Kapitel widmen sich dann einer beispielhaften Erarbeitung wirtschaftspolitisch relevanten Wissens gemäß der im vierten Kapitel entwickelten Leitlinien. Hier möchte ich durch alternative Forschungsarbeit erste Überlegungen dazu beisteuern, wie eine Bewältigung drängender Gegenwartskrisen gelingen könnte, sofern entsprechende Maßnahmen denn im wissenschaftlichen und öffentlichen Diskurs zugelassen und die weitreichenden politischen

Konsequenzen derselben nicht gleich als unrealistisch deklariert und damit bequem übergangen würden. Dabei beschäftigt sich das fünfte und vorletzte Kapitel (Ein alternativer wirtschaftspolitischer Ansatz: Die Regulierung von Sozialprodukt, Einkommensströmen und Bevölkerungszahl) in erster Linie mit der Beseitigung von Armut und dem Schutz unserer natürlichen Lebensgrundlagen. Das sechste und letzte Kapitel (Anmerkungen zur ethischen Dimension wirtschaftspolitischer Regulierung) behandelt abschließend einige moralische Fragen, die sich aus den wirtschaftspolitischen Empfehlungen des fünften Kapitels ergeben. Hier geht es um wichtige Fragen der Gerechtigkeit, der Freiheit und der Glückseligkeit.

Eines scheint mir vorab noch wichtig, erwähnt zu werden. Die Sache, um die es hier geht, ist kein bloßer Wissenschaftsstreit zwischen etablierten und abseitigen Ökonomen, und sie hat erst recht nichts mit persönlichen Animositäten oder Eitelkeiten zu tun. Der Antrieb für dieses Buch liegt allein im Wohl für die Menschheit, welches, ohne dass es uns vielleicht bewusst ist, von kaum einer anderen Wissenschaft so stark bestimmt wird wie von der Wirtschaftswissenschaft. Der so oft zitierte Jahrhundertökonom John M. Keynes hat hierzu bekanntlich Worte gefunden, die derart eindringlich sind, dass sie es verdienen, auch an dieser Stelle noch einmal erinnert zu werden:

»Die Gedanken der Ökonomen und Staatsphilosophen, sowohl wenn sie im Recht, als wenn sie im Unrecht sind, [sind] einflussreicher, als gemeinhin angenommen wird. Die Welt wird in der Tat durch nicht viel anderes beherrscht. Praktiker, die sich frei von intellektuellen Einflüssen glauben, sind gewöhnlich die Sklaven irgendeines verblichenen Ökonomen. Wahnsinnige in hoher Stellung, die Stimmen in der Luft hören, zapfen ihren wilden Irrsinn aus dem, was irgendein akademischer Schreiber ein paar Jahre vorher verfasste.«[4]

In diesem Sinne fußt dieses Buch auf einem ganz einfachen Grundzusammenhang: Je bessere Arbeit die Wirtschaftswissenschaft leistet, umso größer wird das Potenzial für eine gelungene sozialökonomische Existenz der Menschheit. Dazu hoffe ich in aller Bescheidenheit beitragen zu können.

1) Vorsicht Lehrbuchökonomie!

Von blinden Flecken und nutzlosen Modellen

Nie werde ich diesen Moment vergessen, dieses Gefühl der Hilflosigkeit und Ahnungslosigkeit. Es überfiel mich im fünften Stock eines dieser zahlreichen Zweckbauten auf dem Uni-Campus. Dort stand ich schon eine ganze Weile – wartend, dass man mich endlich zur mündlichen Prüfung aufrufen würde. Es war meine Abschlussprüfung im Fach Volkswirtschaftslehre, sozusagen das Meisterstück nach viereinhalb Jahren Studium. Wochen und Monate hatte ich mich auf diese Prüfung vorbereitet. Mein Kopf war voll mit Modellen, Funktionen, Kausalketten und Fakten. Und dann, wie aus dem Nichts, durchdrang mich plötzlich dieser unangenehme Gedanke: »Eigentlich verstehe ich doch gar nichts!« Damit meinte ich aber keineswegs den Prüfungsstoff. Denn den beherrschte ich ausgezeichnet. Ich dachte in diesem Moment eher an die ökonomische Wirklichkeit da draußen, an die »echte« Welt. Es war wie eine leise, fast kleinlaute innere Stimme, die da seufzte: »Im Grunde hast du doch gar keine Ahnung von Wirtschaft!«

Eine knappe Stunde später verließ ich den Prüfungsraum mit den besten Glückwünschen der Jury. Ich hatte soeben mit der Note 1,3 als Jahrgangsbester bestanden. Irgendetwas passte da nicht zusammen. War ich vielleicht einfach nur nervös gewesen?

Heute weiß ich: Es steckte mehr dahinter. Das Gefühl der eigenen Inkompetenz wurde ich nämlich auch Monate nach meiner Prüfung nicht mehr los. Eine eventuelle akademische Karriere traute ich mir schon deshalb nicht zu. Und das, obschon ich aufgrund meiner guten Studienleistungen sogar ein Promotionsstipendium erhalten hatte. Mit entsprechender intellektueller Demut machte ich anschließend noch meinen »Doktor«, wohlwissend allerdings, den Unibetrieb alsbald verlassen zu wollen. Wenn ich für die Uni

nicht gut genug bin, dachte ich mir, könnte ich es ja zumindest im Schulbetrieb versuchen. So kam es dann auch. Statt wissenschaftlicher Mitarbeiter
im akademischen Betrieb wurde ich Oberstufenlehrer für Wirtschaft, Sozialkunde und Philosophie.

Kaum hatte ich meinen neuen Job begonnen, machte ich mit meiner eigenen Inkompetenz eine neuerliche Bekanntschaft. Das war zu Beginn der
US-Subprime-Krise 2007. »Sie haben doch VWL studiert«, baten mich damals interessierte Schüler um fachmännischen Rat. »Wie geht es denn da
jetzt weiter? Wird das ein Problem für uns?« Mit souveräner Fassade wusste
ich zu beschwichtigen: »Nein, nein, da haben sich ein paar Spekulanten
verzockt, davon redet bald keiner mehr.« Pustekuchen! Nur wenige Monate
später steckte Europa in der größten Finanz- und Schuldenkrise der Nachkriegszeit, deren Auswüchse wir bis heute hin spüren.

Wenigstens war ich mit meiner Fehlprognose nicht alleine. Kaum ein Ökonom hatte die Schuldenkrise zum damaligen Zeitpunkt vorausgesehen. Das
erleichterte mein Gewissen. Ich hatte mich nicht als *Einzelner* verschätzt,
sondern wir Wirtschaftswissenschaftler hatten offensichtlich *kollektiv* versagt. Es schien so, als wäre die Finanz- und Schuldenkrise in unseren gängigen Theorien einfach nicht vorgesehen. Eigentlich war das natürlich seltsam,
denn wie jeder im Erstsemester lernt, muss die Tauglichkeit von Theorien
vor allem daran gemessen werden, inwiefern sie zutreffende Prognosen erlauben. Wie steht es aber um die Erklärungskraft unserer Theorien, wenn
sie solch bedeutsame Entwicklungen wie die Finanz- und Schuldenkrise
nicht annähernd vorausahnen können? Und was legitimiert angesichts solcher Defizite noch unseren Expertenstatus?

Das peinliche Problem der nicht vorhergesagten Finanz- und Schuldenkrise
zwang mich dazu, erstmals eine distanzierte Sichtweise auf all das anzunehmen, was ich im Studium gelernt hatte. Vorsichtig und zögerlich öffnete
ich mich für alternative theoretische Ansätze, von denen ich bis dato zwar
gehört, denen ich aber keine weitere Beachtung geschenkt hatte. Zu unseriös schienen mir diese Außenseitertheorien der Ökonomie: oftmals von
Laien betrieben, in der Fachwelt kaum bekannt, durch Buchverlage gerin

gen Renommees vertrieben oder – schlimmer noch – durch das Internet.
Nun war auch wirklich sehr vieles dabei, was wissenschaftlichen Ansprü-
chen nicht standhalten konnte. Anderes hingegen erwies sich als wertvolle
intellektuelle Bereicherung. Über Jahre hinweg studierte ich auf diese Weise
ein zweites Mal das Fach Ökonomie. Nicht an der Uni, sondern zu Hause
im Selbststudium – ohne Anleitung und aus freien Stücken. Das Resultat
war erfreulich und erschreckend zugleich. Erfreulich, weil sich die Dinge
nun endlich zusammenfügten. Was mich damals vor Rätsel stellte, erscheint
mir heute glasklar und plausibel. Erschreckend, weil ich erkennen musste,
dass mich viereinhalb Jahre VWL-Studium an der Universität aufs falsche
Gleis gesetzt hatten. Wichtigste Zusammenhänge unseres Geld- und Wirtschaftssystems wurden mir einfach vorenthalten. Nicht trotz, sondern *wegen* meines VWL-Studiums hatte ich jahrelang das Gefühl, keine Ahnung
von Wirtschaft zu haben!

Wie es unter anderem dazu kommen konnte, verrät ein alter Ökono-
men-Witz:

> Ein Heißluftballon war vom Kurs abgekommen und trieb orientie-
> rungslos über Berge und Täler. Endlich sahen die beiden Piloten tief
> unten einen Wanderer. »Wo sind wir?«, riefen sie ihm zu. »Ihr seid in
> einem Ballon«, rief der Wanderer zurück. Worauf der eine Ballonfahrer
> zum anderen sagte: »Die Antwort ist präzise, formal korrekt und absolut
> nutzlos. Der Mann muss ein Ökonom sein.«[5]

Wer schon einmal ein Lehrbuch der Mainstreamökonomie aufgeschla-
gen hat, ahnt bereits, worauf die Pointe anspielt. Solche Lehrbücher sind
bekanntlich voll mit Modellen, Grafiken und Rechnungen, die allesamt
präzise, korrekt und logisch schlüssig sind. Manchmal könnte man ob der
Fülle formaler Darstellungen gar den Eindruck gewinnen, man hielte ein
Mathematikbuch in Händen. Das Problem ist nur: Ebenso wie der formal
korrekte Hinweis des Wanderers sind viele dieser formalen Lehrbuchweis-
heiten nutzlos. Sie sind es deshalb, weil sie mit der sozialen Wirklichkeit
nicht hinreichend korrespondieren. Jeder, der an einer Universität das Fach
Ökonomie studiert, wächst deshalb unweigerlich in abstrakte Modellwel-

ten hinein, die mit der Realität mitunter erschreckend wenig zu tun haben. Und genau hierin liegt die erste Wurzel für das offenkundige Versagen der herrschenden Ökonomen im Angesicht der multiplen Gegenwartskrisen.

Um das näher zu erklären, will ich im Folgenden drei konkrete Beispiele bringen. Beginnen werde ich mit der gängigen Modellierung des Arbeitsmarktes. Anschließend behandle ich den typischen Lehrbuchblick auf die Geldschöpfung und zuletzt die unter Ökonomen übliche Bewertung des Wirtschaftswachstums.

Gefährliche Modellwelten: Mathematischer Irrsinn am Arbeitsmarkt

Wenn Studierende die Zusammenhänge des Arbeitsmarktes erlernen sollen, erklärt man ihnen dieselben anhand einer mathematisch herleitbaren Grafik (siehe Schaubild 1.1). Sie zeigt zwei Funktionen in einem zweidimensionalen Koordinatensystem. Auf der y-Achse wird der Lohn abgetragen, auf der x-Achse die Menge der angebotenen bzw. nachgefragten Arbeitskraft. Die fallende Funktion symbolisiert die Nachfrage der Unternehmer nach Arbeit. Je höher der Lohn ausfällt (ablesbar an der y-Achse), umso weniger Arbeitskräfte werden die Unternehmer gemäß dieser Darstellung einstellen (ablesbar an der x-Achse). Sinkt der Lohn, verhält es sich genau umgekehrt.

Die steigende Funktion symbolisiert den angebotenen Arbeitseinsatz der Arbeiter. Steigt der Lohn, sind die Menschen gemäß dieser Darstellung bereit, ihren Arbeitseinsatz auszudehnen. Sinkt der Lohn, senken die Menschen ihr Arbeitskraftangebot. Dort, wo sich beide Funktionen schneiden, stimmen angebotener und nachgefragter Arbeitseinsatz überein. Jedem Arbeitsuchenden steht an diesem Punkt ein Unternehmer gegenüber, der zu diesem Lohnsatz bereit ist, einen Arbeiter einzustellen. Zu diesem Lohnsatz gibt es darum keine Arbeitslosigkeit. Es ist der ideale »Gleichgewichtslohn«.

Jetzt wird es spannend: Entfernt sich der Lohn von seinem Gleichgewichtspunkt, weil zum Beispiel der Staat einen oberhalb liegenden Mindestlohn-

Schaubild 1.1: Der klassische Arbeitsmarkt

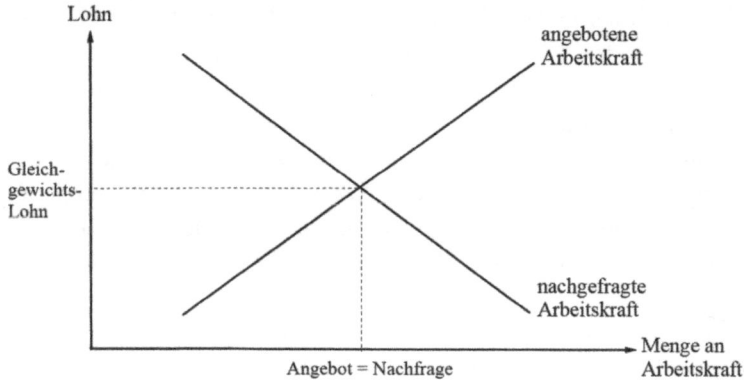

Quelle: eigene Grafik

Schaubild 1.2: Der klassische Arbeitsmarkt mit Mindestlohn

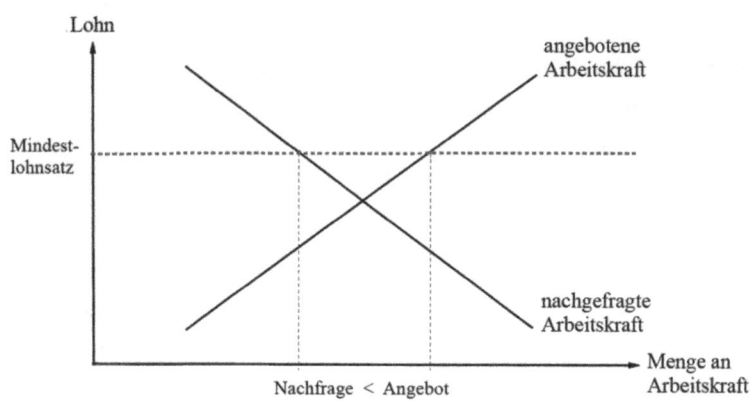

Quelle: eigene Grafik

satz festlegt, klaffen Arbeitskraftangebot und -nachfrage auseinander. Auch das kann man wieder grafisch zeigen (Schaubild 1.2).

Zum Mindestlohnsatz würden nun mehr Menschen bereit sein zu arbeiten (Schnittpunkt der Horizontalen mit der steigenden Angebotskurve), als
die Unternehmer einzustellen bereit sind (Schnittpunkt der Horizontalen
mit der fallenden Nachfragekurve). Wenn nämlich höhere Löhne einen
stärkeren Arbeitsanreiz bewirken (mehr Menschen bieten Arbeitskraft an),
zugleich jedoch Lohnkosten verursachen (die Unternehmer senken ihre
Nachfrage nach Arbeitskräften), dann entsteht in der Folge ein relatives
Überangebot an Arbeitskräften, also Arbeitslosigkeit. Arbeitslosigkeit ist damit ein Problem zu hoher Löhne. Um sie zu bekämpfen, müssen die Löhne
gesenkt werden, und zwar am besten auf das Gleichgewichtsniveau.

Sollte es Ihnen spontan missfallen, dass die Beseitigung von Arbeitslosigkeit
in diesem Fall niedrigere Löhne voraussetzt, geht es Ihnen ähnlich wie mir,
als ich im Studium zum ersten Mal auf diese Diagramme stieß. Als sozial
eingestellter Bürger hielt ich eine vernünftige Entlohnung aller arbeitenden
Menschen, selbst im Falle einfachster Tätigkeiten, für ein selbstverständ-
liches Gebot des moralischen Anstandes. Andererseits konnte ich an den
grafischen Darstellungen lange Zeit keinen Haken finden. Ihre zwingende
Logik schien keinen anderen Schluss zuzulassen, als dass ein zu hohes Lohnniveau automatisch Arbeitslosigkeit erzeugt. Ehrlich gesagt habe ich mir anfangs noch nicht einmal die Frage gestellt, ob an diesen Diagrammen überhaupt etwas faul sein könnte. Schließlich stand das Ganze ja so in einem
Lehrbuch – und wenn die Darstellungen falsch wären, dann würden sie
dort nicht drinstehen. Besonders subtil an der ganzen Sache ist außerdem,
wie mithilfe der formalisierten Darstellungen eine gewisse Naturgesetzlich-
keit suggeriert wird. Und das liegt durchaus in der Absicht der Verfasser.

Eines der weltweit einflussreichsten Lehrbücher unserer Zeit stammt vom
Harvard-Professor Gregory N. Mankiw. Im Vorwort seiner *Grundzüge der
VWL* gibt der renommierte Ökonom zunächst zu, dass die Wirtschaftswissenschaft »im Wortsinne eine *Sozialwissenschaft* [Hervorh. d. Verf.]« und
ihr »Hauptgegenstand die Gesellschaft [ist].«[6] Gleichwohl, so fährt Mankiw
fort,

»geht sie leidenschaftslos wie eine Naturwissenschaft zu Werke. Durch die Anwendung naturwissenschaftlicher Methoden auf politische Fragen sucht die Volkswirtschaftslehre bei den grundlegenden Herausforderungen voranzukommen, denen alle Gesellschaften gegenüberstehen.«[7]

Es ist also durchaus das erklärte Ziel der wirtschaftswissenschaftlichen Elite, ihren Untersuchungsgegenstand, nämlich das Handeln von *Menschen*, mit Instrumenten zu beschreiben, die ansonsten bei der Untersuchung von *naturwissenschaftlichen* und *mathematischen* Forschungsfragen angewandt werden. Die Ökonomen sind unter allen Sozialwissenschaftlern die *Einzigen*, die mit diesem Anspruch verfahren. Sie bilden insofern eine Zunft für sich, deren Arbeitsweise und Erkenntnisse für Außenstehende kaum zu überprüfen sind. Damit verhindern sie vielleicht unbeabsichtigt, aber dennoch wirksam mögliche Kooperationen mit anderen Sozialwissenschaften, namentlich mit der Geschichtswissenschaft, der Soziologie, der Psychologie oder auch mit der Politischen Wissenschaft. Das Schlimmste aber ist: Eine Sozialwissenschaft, die dem methodischen Ideal der Naturwissenschaften nacheifert, erweckt fälschlicherweise den Eindruck einer Exaktheit, die es bei sozialen Prozessen so niemals geben kann.[8] Schon mancher Studierende hat Lohnsenkungen als eine quasi naturgesetzlich zwingende Maßnahme zur Beseitigung von Arbeitslosigkeit missverstanden. Im Umkehrschluss erscheinen dann gegenteilige Maßnahmen so abwegig, als wolle man die Schwerkraft außer Kraft setzen (»TINA« lässt grüßen).[9]

Auch im sprachlichen Ausdruck findet der naturwissenschaftliche Anspruch der akademischen Ökonomie seinen Niederschlag. Gleich im ersten Kapitel seines Lehrbuchklassikers stellt Mankiw zum Beispiel zehn volkswirtschaftliche *Regeln* auf,[10] so als folge das Verhalten von Menschen stets den gleichen, von kulturellen, historischen und institutionellen Gegebenheiten unabhängigen, automatisierten Mustern. An anderer Stelle führt er *Gesetze* ein, zum Beispiel das »*Gesetz des Angebots*«, wonach ein steigender Preis stets ein steigendes Angebot nach sich zieht.[11] Wiederum handelt es sich im Grunde bloß um eine *Annahme* über das *Verhalten von Menschen* in bestimmten Situationen, nicht um eine ahistorische oder gar naturgegebene Gesetzmäßigkeit. Merken Sie sich bitte einmal dieses angebliche »Gesetz vom steigenden Angebot«, es ist uns oben schon begegnet und wird uns weiter unten noch einmal beschäftigen.

Die vermeintliche Exaktheit volkswirtschaftlicher Modelle kultiviert die Engstirnigkeit von Ökonomen in geradezu gefährlicher Art und Weise. Denn im Gegensatz zur naturwissenschaftlichen und mathematischen Forschung finden ökonomische Erkenntnisse unmittelbaren Eingang in die Wirtschaftspolitik und damit in unsere Alltagswirklichkeit. Wenn Einstein den fotoelektrischen Effekt beschreibt, dann folgt daraus noch keine Lohnkürzung. Wenn Ökonomen hingegen angebliche »Markt*gesetze*« postulieren, deren quasi-natürliche Wirkmechanismen der Staat nicht außer Kraft setzen dürfe, sieht die Sache ganz anders aus. Dann werden Steuern gesenkt, Sozialausgaben gekürzt und Gewerkschaften zerschlagen.[12] Dabei geht es in der Ökonomie ja wie gesagt gar nicht um natürliche Kräfte und unumstößliche Gesetze, sondern um das *komplexe Verhalten von Menschen*, was Mankiw in der ersten Hälfte seines obigen Zitats (siehe Seite 22 unten) selbst zugibt. Es bleibt mir ein Rätsel, wie Ökonomen ernsthaft davon überzeugt sein können, die *natur*wissenschaftliche Methode sei die geeignetste zur Untersuchung *sozialer* Prozesse. Dass jeglichen mathematischen Funktionen und Darstellungen letztlich bloße Vermutungen über *psychologisches und soziales Verhalten* zugrunde liegen und ob diese Annahmen realistisch sind oder nicht, das lernen unsere Studierenden bedauerlicherweise nicht.

Dabei würde sich ein genauerer Blick mitunter lohnen. Denn wie ich nun zeigen will, kann eine vermeintlich kleine Fehleinschätzung bezüglich der einem Modell zugrunde gelegten Verhaltensannahmen fatale Fehlurteile nach sich ziehen, die sich dann auf die daraus abgeleiteten wirtschaftspolitischen Forderungen auswirken. Betrachten wir den Arbeitsmarkt darum noch ein zweites Mal.[13] Schauen wir exemplarisch auf die Angebotsfunktion (Schaubild 1.3):

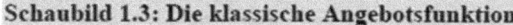

Schaubild 1.3: Die klassische Angebotsfunktion

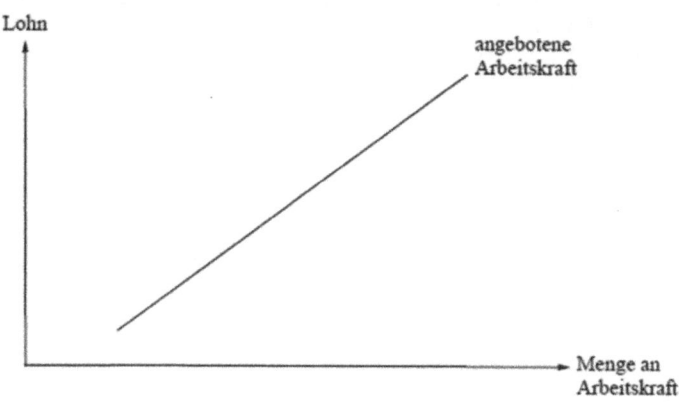

Quelle: eigene Grafik

Die Angebotsfunktion verläuft steigend. Welche Annahme über das Verhalten von Menschen steckt dahinter? Die Steigung sagt aus, dass die Arbeitsbereitschaft der Menschen (= Angebot) entsprechend ihrer Entlohnung (= Preis ihrer Arbeitskraft) zunimmt. Genau das behauptet das vermeintliche »Gesetz des Angebots«. Stimmt dieses Gesetz? Sie können es an sich selbst nachprüfen, also das tun, was man in der Wissenschaft als verifizieren (bestätigen) oder falsifizieren (widerlegen) bezeichnet: Würden Sie mehr arbeiten wollen, wenn man Ihnen einen höheren Lohn anböte? Oder wäre Ihnen Ihre Freizeit so viel wert, dass Sie auf einen Einkommenszuwachs verzichteten? Vermutlich hinge Ihre Entscheidung von Ihrer aktuellen Einkommens- und Bedarfssituation ab. Bräuchten Sie unbedingt mehr Geld, würden Sie bei entsprechender Entlohnung durchaus mehr arbeiten. Verfügten Sie ohnehin über ein auskömmliches Spitzeneinkommen, dürfte vielleicht Ihre Freizeitpräferenz überwiegen. In diesem Fall könnten Sie es sich getrost leisten, den potentiellen Einkommenszuwachs in den Wind zu schlagen und auf Mehrarbeit zu verzichten. Grafisch dargestellt sähe dieses Kalkül in etwa so aus (Schaubild 1.4):

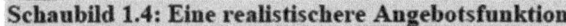

Schaubild 1.4: Eine realistischere Angebotsfunktion

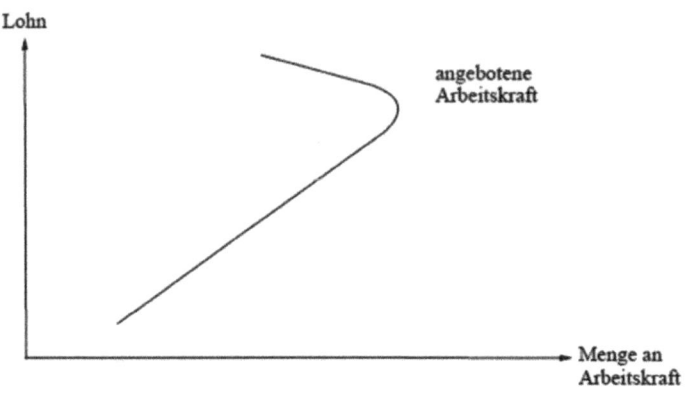

Quelle: eigene Grafik

Ab einer gewissen Einkommenshöhe lieferten Lohnerhöhungen gemäß dieser Darstellung keinen zusätzlichen Arbeitsanreiz mehr. Höhere Stundenlöhne ermöglichten dem begünstigten Arbeitnehmer im Gegenteil, bei gleichbleibenden Gesamteinkünften auf Arbeitsleistung zu verzichten.

Stellen wir nun die umgekehrte Frage: Würden Sie *weniger* arbeiten wollen, wenn man Ihnen einen *geringeren* Lohn anböte? Hier hinge die Entscheidung vermutlich davon ab, welche Alternativen Ihnen zur Verfügung stünden. Sich von Arbeit frei machen können nur diejenigen, die entweder eine zweite Einkommensquelle oder ausreichende Reserven besitzen. Alle anderen *müssen* arbeiten, um ihren Lebensstandard halten zu können – sie stehen sozusagen unter Angebots*zwang*. Es scheint daher plausibler anzunehmen, dass die meisten Menschen Einkommensverluste auszugleichen versuchen. Wer wenig verdient und eine Lohnkürzung erfährt, sucht wohl eher einen zweiten Job, als sich freiwillig in die Arbeitslosigkeit zu fügen. Grafisch übersetzt sähe solch ein Kompensationsverhalten folgendermaßen aus (Schaubild 1.5):

Schaubild 1.5: Eine noch realistischere Angebotsfunktion

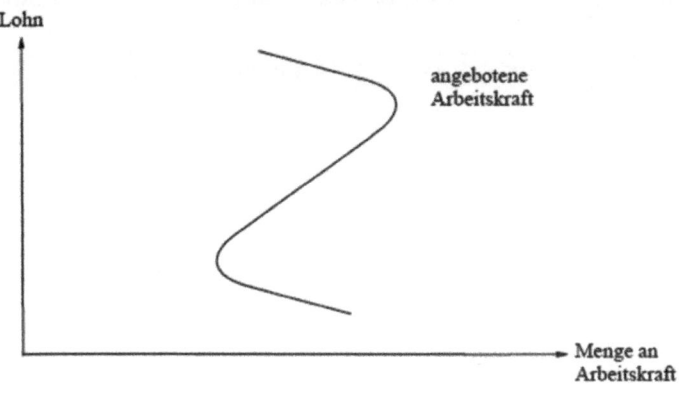

Quelle: eigene Grafik

Je tiefer der Lohn sinkt, desto dringlicher wäre ein Arbeitnehmer gemäß dieser Darstellung darauf angewiesen, seine Arbeitskraft auf dem Markt anzubieten. Seine Arbeitsbereitschaft stiege deshalb im unteren Einkommenssegment mit sinkendem Lohn an.

Fügt man die so veränderte Angebotsfunktion mit der Nachfragefunktion in ein Diagramm zusammen, erhält man ein völlig anderes Bild als zuvor. Nun gibt es entweder mehrere Gleichgewichtspunkte (Schaubild 1.6) oder gar keinen mehr (Schaubild 1.7), je nachdem, wo genau die beiden Funktionen im Modell verlaufen.

Die simple und so folgenschwere Schlussfolgerung, hinreichend niedrige Löhne seien eine *zwingende* Voraussetzung zur Bekämpfung von Arbeitslosigkeit, trifft auf diese Darstellungen nicht mehr zu. Allein dieses kleine Beispiel zeigt, dass wir uns auf formale Darstellungen in ökonomischen Lehrbüchern nicht blind verlassen dürfen. Eine Grafik als solche enthält keine wirtschaftspolitische Gewissheit und erst recht keine naturgesetzliche Wahrheit. Wir sind stets gefordert, die sozialpsychologischen Annahmen zu prüfen, die sich hinter den mathematischen Funktionen verbergen. Auf das Urteil der Ökonomen können wir in dieser Hinsicht leider nicht immer bauen.[14]

Schaubild 1.6: Ein alternatives Gleichgewichtsszenario

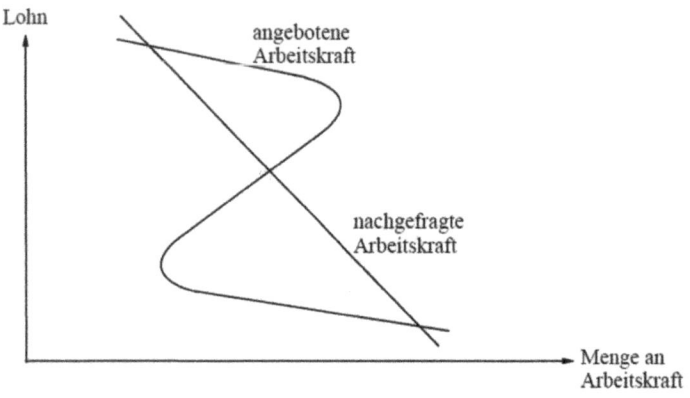

Quelle: eigene Grafik

Schaubild 1.7: Ein mögliches Szenario ohne Gleichgewicht

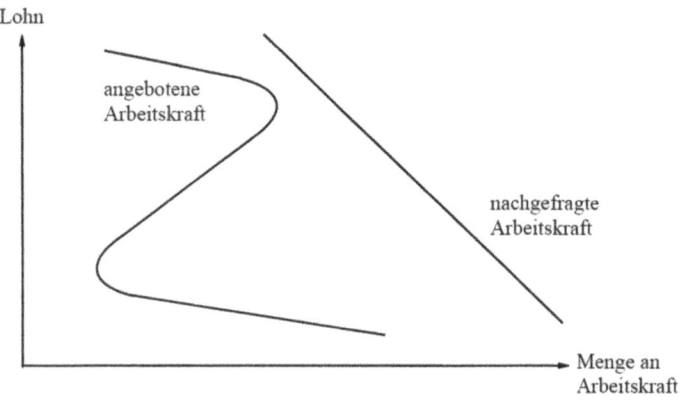

Quelle: eigene Grafik

Das Wesentliche verkennen – die blinden Flecken der Lehrbuchökonomie

An anderer Stelle verbreiten die Lehrbücher nichts Falsches, aber auch nichts Bedeutsames. In solchen Fällen kann man Ökonomen nicht vorwerfen, Sachverhalte unrealistisch darzustellen, wohl aber, das Entscheidende an diesen Sachverhalten auszublenden. Ein schwerwiegendes Beispiel hierfür liefern die Lehrbücher in den Kapiteln über die Geldschöpfung. Mit »Geldschöpfung« sind diejenigen Mechanismen gemeint, mit denen Bargeld und Buchgeld unter die Leute kommen. Vereinfacht gesagt geht es also um die Frage, woher das Geld in unseren Brieftaschen bzw. auf unseren Konten stammt. Wer hat es erschaffen? Und über welche Stationen ist es in unseren Besitz gelangt?

Schaubild 1.8: Unser zweistufiges Bankensystem

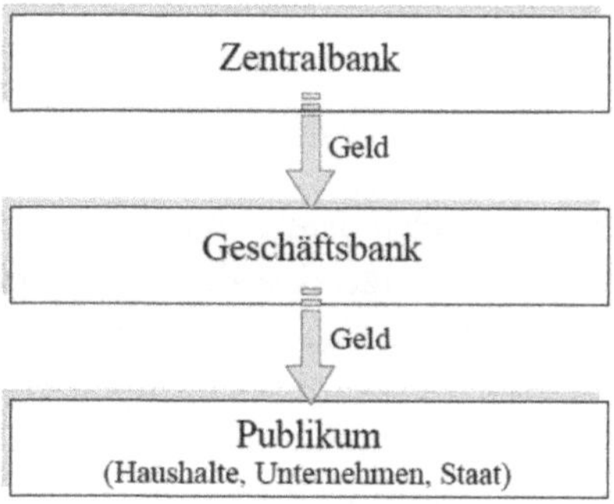

Quelle: eigene Grafik

Befragt man die Lehrbücher der Ökonomie, erfährt man zunächst, dass Geld entgegen einer weit verbreiteten Alltagsüberzeugung *nicht* vom Staat gedruckt wird. Stattdessen beginnt die Geldschöpfung bei regierungsunabhängigen Zentralbanken. Zentralbanken haben eine Monopolstellung. Nur sie dürfen das gesetzliche Zahlungsmittel eines Währungsraumes herstellen und in Umlauf bringen. Für den Euroraum besorgt das die Europäische

Zentralbank (EZB). Alles Bargeld, das wir in unserer Brieftasche haben, stammt also ursprünglich von der EZB.

Nun werden Sie selbst jedoch noch nie bei der EZB gewesen sein, um dort Ihr Geld abzuholen. Das geht auch gar nicht, weil weder Haushalte noch Unternehmer, noch der Staat auf direktem Wege mit der EZB Geschäfte abwickeln können. Damit das Geld trotzdem von der EZB in Ihre Brieftasche gelangen kann, sind in unserem Finanzsystem sogenannte *Geschäftsbanken* zwischengeschaltet. Geschäftsbanken sind vereinfacht gesagt die üblichen Banken, an die sich Bürger, Unternehmer und Staaten wenden, wenn sie Geld leihen oder anlegen möchten (Deutsche Bank, Commerzbank, …). Folglich haben wir es mit einem zweistufigen Bankensystem zu tun: Die Zentralbanken schaffen das Bargeld (erste Stufe) und geben es über die Geschäftsbanken (zweite Stufe) an uns weiter (siehe obiges Schaubild 1.8). Darüber hinaus können die Geschäftsbanken (zweite Stufe) ein Vielfaches an Buchgeld schaffen, indem sie Forderungen auf Bargeld als virtuelle Guthaben auf Konten schreiben (multiple Geldschöpfung). Das geschieht immer dann, wenn sie über ihre Zentralbankgeldreserven hinaus Kredite vergeben oder Vermögenswerte (Wertpapiere, Immobilien, …) kaufen.

Schon an dieser Stelle dürften sich dem distanzierten Beobachter einige Fragen stellen. Als Erstes fällt ins Auge, dass der Staat in diesem Schema ganz unten auftaucht. Er steht auf der gleichen Stufe wie ein einfacher Haushalt. Der Staat ist demnach nicht *Gestalter* der Geldpolitik, sondern ihr abhängiger Akteur. Das erscheint zumindest seltsam. Denn ist der Staat nicht eigentlich eine machtvolle Institution? Ist er nicht das hoheitliche Organ, das alle wichtigen öffentlichen Angelegenheiten regeln sollte? Und ist Geld etwa keine öffentliche Angelegenheit? Hat nicht gerade das Geld eine entscheidende Bedeutung für unser gesellschaftliches Zusammenleben? Und wenn ja, warum unterliegt es dann nicht der unmittelbaren staatlichen Kontrolle? Warum sind demokratisch gewählte Politiker nicht befugt, die Geldschöpfung aktiv zu gestalten?

Als Nächstes könnte man die Zwischenposition der Geschäftsbanken hinterfragen: Warum dürfen sich Staaten, Haushalte und Unternehmen nicht direkt bei der Zentralbank Geld besorgen? Warum müssen sie den kostspieligen Umweg über Geschäftsbanken gehen? Geschäftsbanken verschenken schließlich kein Geld. Sie wollen Gewinne erzielen, indem sie Kredite vergeben. Wieso werden Staaten, Haushalte und Unternehmen also gezwungen, sich bei Geschäftsbanken zu verschulden?

Drittens lohnt die Frage, wie die Geschäftsbanken ihrerseits an das Geld der Zentralbank herankommen. Auch Zentralbanken verschenken schließlich kein Geld. Sie verleihen es in der Regel ebenfalls (einzige Ausnahme: definitive Käufe).[15]

Zentralbanken leihen also meistens Geld an Geschäftsbanken, diese vervielfältigen die Geldmenge durch Kreditschöpfung in Form von Buchgeld und verleihen dieses Geld dann zu höheren Zinssätzen an Staaten, Unternehmen und einfache Bürger. Die Geldscheine in Ihrer Brieftasche und die Guthaben auf Ihren Konten hat demnach irgendwann einmal irgendjemand bei irgendeiner Geschäftsbank ausgeliehen – und die hat in der Regel wiederum Geld bei der Zentralbank geliehen. Vielleicht war Ihr Geldvermögen ursprünglich Teil eines umfangreichen Kredits, den irgendein Unternehmer irgendwann einmal zu Investitionszwecken aufgenommen hat. Der Unternehmer bezahlte einen Lieferanten, der Lieferant bezahlte einen Angestellten, der Angestellte zahlte Steuern, der Staat tätigte öffentliche Ausgaben und so weiter und so fort. Irgendwo in dieser Kette könnten auch Sie gestanden haben, entweder als Unternehmer, als Angestellter oder als Empfänger staatlicher Leistungen. Doch sind die Geldscheine in Ihrer Brieftasche dann nicht gleichbedeutend mit Schulden? Müssen diese Geldscheine nicht irgendwann wieder zur Geschäftsbank und dann zur Zentralbank zurück? Und wenn es nicht *Ihre* Schulden sind – hat dann nicht zwangsläufig *jemand anderes* Schulden in genau dieser Höhe, nämlich derjenige, der das Geld ursprünglich geliehen hat? Ist es demnach nicht so, dass allein schon wegen der Art und Weise, wie Geld in Umlauf gebracht wird, sämtlichen positiven Geldguthaben in unserer Gesellschaft gleich hohe Schuldbeträge anderer Menschen gegenüberstehen? Können Einzelne demnach nur dann immer vermögender werden, wenn andere immer größere Schulden anhäufen? Und setzt das Zurückzahlen von Schulden im

Umkehrschluss nicht voraus, dass andere ihre positiven Guthaben verlieren? Ist es dann nicht letztlich so, dass kaum noch Geld in Umlauf wäre, wenn alle Haushalte, Unternehmen und Staaten ihre Schulden zurückzahlten, sodass Schuldenfreiheit für alle zu keinem Zeitpunkt möglich ist? Leben wir in einem Schuldgeldsystem?

Sucht man solch grundlegende Fragen in den gängigen Lehrbüchern zu beantworten, blättert man meist vergebens. Eine kritische Auseinandersetzung mit dem Faktischen findet hier gar nicht statt. Eher wirkt es so, als seien solche Fragen unerwünscht. So zum Beispiel in Bezug auf die untergeordnete Rolle des Staates im Geldschöpfungssystem. Die Unabhängigkeit der Zentralbanken gilt gemeinhin als unantastbar. Nur eine *unabhängige* Zentralbank könne für stabile Preise sorgen. Würde hingegen der Staat die Geldpolitik steuern, erzeugte er alsbald eine Inflation, weil jedwede Regierung leicht der Versuchung erläge, ihre Ausgaben ins Unermessliche zu steigern. Könnte sie nämlich ihre Ausgaben durch selbstgedrucktes Geld finanzieren, wären der ungehemmten Geldvermehrung keine Grenzen mehr gesetzt. Die historischen Hyperinflationen böten hierfür reichlich Anschauungsmaterial, heißt es in den Lehrbüchern. So auch bei Gregory Mankiw:

> »Die meisten Hyperinflationen nehmen ihren Anfang, wenn der Staat nicht genügend Steuereinnahmen hat, um seine Ausgaben zu finanzieren. […] Um trotzdem das Defizit abdecken zu können, wendet sich der Staat dem einzigen ihm verfügbaren Instrument zu – der Notenpresse. Das Ergebnis ist dann ein sehr schnelles Geldmengenwachstum und Hyperinflation.«[16]

Die Argumentation überzeugt jedoch nicht. Zum einen verkennt sie, dass auch regierungsunabhängige Zentralbanken Inflationen bewirken und bewirkt haben. Selbst die berühmte Hyperinflation von 1923 wurde durch eine regierungsunabhängige Zentralbank (damals die Deutsche Reichsbank) und nicht etwa von der Regierung herbeigeführt, wie es die weit verbreiteten, aber historisch falschen Formulierungen vom Staat, der »die Notenpresse anwarf«, nahelegen.[17] Zweitens ist Regierungsunabhängigkeit nicht dasselbe wie Staatsunabhängigkeit. Eine gesellschaftsrelevante Einrichtung kann auch dann regierungsunabhängig agieren, wenn sie in staatlicher Obhut bleibt. Das beste Beispiel hierfür bietet die unabhängige Gerichtsbarkeit (Judikative). Hier werden von staatlichen Organen öffentliche Aufgaben wahrgenommen, ohne dass ein Missbrauch durch die jeweils herrschende Regierung zu befürchten stünde (funktionierende Gewaltenteilung vorausgesetzt). Warum sollte etwas Ähnliches nicht auch für die Geldschöpfung möglich sein? Könnte es nicht eine Art »Monetative« geben, bei der ein Staat sein eigenes Geld herstellen könnte?[18]

Auch die beiden anderen der oben aufgeworfenen Grundsatzfragen (Zwischenfunktion der Geschäftsbanken, Schaffung von Geld als Schuld) werden von den Standardlehrwerken einfach übergangen. Insbesondere bei der Frage nach dem Schuldgeld scheint das doch merkwürdig. Denn ist es nicht ein himmelweiter Unterschied, ob Geld nun überwiegend aus Schulden besteht oder nicht? Und wenn die Lehrbücher solche *wesentlichen* Sachverhalte nicht verhandeln, was leisten sie dann stattdessen?

Die Lektüre der entsprechenden Kapitel offenbart eine strikte Fokussierung auf technische Details der Geldschöpfung. Statt den erstaunlichen *Umstand* zu beleuchten, wonach neues Geld meistens auch neue Schulden mit sich bringt, beschreiben die Lehrbücher die verschiedenen *Instrumente*, mittels derer die EZB die Geldmenge steuert.[19] Statt klar zu sagen, dass kaum jemand Geld besitzen kann, ohne dass jemand anderes Schulden hat, lehren wir unseren Studierenden die Unterschiede zwischen Offenmarktoperationen und ständigen Fazilitäten.[20] Statt klar darauf hinzuweisen, dass sich eine ganze Gesellschaft in geldpolitischer Abhängigkeit von privaten Geschäftsbanken befindet, zwingen wir unsere Studierenden zur Berechnung des Geldschöpfungsmultiplikators. Dabei müssen die angehenden Ökonomen berechnen, um welchen Faktor die privaten Banken mittels Kreditschöpfung das ursprüngliche Geldangebot der Zentralbanken erhöhen können. Nun bin ich selbst Student gewesen und weiß, wie das ist: Wenn man für die anstehende Prüfung Instrumentarien und Rechenmodelle paukt, dann steht einem beim besten Willen nicht der Sinn danach, das Gesamtsystem infrage zu stellen. Noch dazu erstickt der allgegenwärtige Zeitdruck jede kritisch-distanzierte Reflexion im Keim. So verstellt einem das Studium sys-

tematisch den Blick auf das Wesentliche. Die Bäume sehen unsere Studierenden messerscharf, den Wald nicht einmal in Umrissen.]

Dabei könnte sich eine kritische Reflexion doch gerade in Zeiten der Finanz-
und Schuldenkrise als überaus produktiv erweisen. Sie könnte uns helfen,
eine viel klarere Sichtweise auf unsere aktuellen Probleme anzunehmen.
Wenn wir begreifen, dass eine steigende Geldmenge meistens auch mehr
Schulden generiert; wenn wir begreifen, dass das Zurückzahlen von Schulden eine Reduzierung der positiven Vermögen anderer impliziert; wenn wir
begreifen, dass gar nicht alle Akteure schuldenfrei sein *können*, weil es ja
dann so gut wie kein Geld mehr gäbe – dann würden wir vielleicht andere
Ideen entwickeln, wie man die Schuldenkrise lösen könnte. Vielleicht würden wir dann erkennen, dass am ganzen Geld*system* etwas faul ist und wir
folglich eine *grundsätzliche* Neuordnung der Finanz- und Bankenwelt in
Betracht ziehen müssten; etwa derart, dass die alleinige Zuständigkeit für
die Geldschöpfung der öffentliche Hand übertragen wird und diese das
Geld nicht länger in Form von Krediten, sondern schuldenfrei über den
Weg öffentlicher Ausgaben in Umlauf bringt. Die Funktion von Banken
beschränkte sich dann allein darauf, auf einer sekundären Ebene zwischen
Sparern und Investoren zu vermitteln: Bereits umlaufendes Geld, das Sparer
auf die Seite legen möchten, könnten Banken an Investoren weiterleiten.[21]
Ein gewisses Quantum Schulden wäre in solchen Fällen stets vorhanden,
prinzipiell aber eben vollständig zurückzahlbar.

Es lebe der Fortschritt

Ein letztes Beispiel für die realitätsferne Herangehensweise der akademischen Lehrbuchökonomie führt uns zum Thema Wirtschaftswachstum.
Beim Wirtschaftswachstum handelt es sich bekanntlich um *das* wirtschaftspolitische Ziel schlechthin. Vom Wachstum erhoffen sich Politiker und
Wirtschaftsexperten eine nahezu allheilende Wirkung: mehr Beschäftigung, mehr Steuereinnahmen, weniger Sozialausgaben, weniger Schulden.
Entsprechend euphorisch applaudieren die Medien, wenn sich die »Wirtschaftsleistung« erhöht hat, und umso alarmierender fallen die Schlagzeilen

aus, wenn sich das BIP im Sinkflug befindet. Auf der anderen Seite sagt uns
der gesunde Menschenverstand, dass stetiges Wachstum auf lange Sicht gar
nicht funktionieren kann. Schließlich kann man nicht ständig mehr Güter
herstellen, wenn sich die dazu benötigten Rohstoffe nicht ebenfalls vermehren.[22] Erstaunlicherweise werden die ökologischen Wachstumsgrenzen aber
von den meisten Politikern ignoriert. Und selbst die Fachleute in dieser Angelegenheit, nämlich die Ökonomen, argumentieren jene Grenzen meistens
beiseite. Noch einmal ein Auszug aus Mankiws Lehrbuchklassiker *Grundzüge der Volkswirtschaftslehre*:

> »Obwohl [der Zusammenhang zwischen Wachstum und Ressourcenver-
> brauch] einleuchtend erscheint, sind die meisten Volkswirte über solche
> Grenzen des Wachstums weniger beunruhigt, als man vermuten könnte.
> Sie vertreten die Ansicht, dass der technologische Fortschritt oftmals
> Wege eröffnet, diese Grenzen zu umgehen. [...] Moderne Autos ver-
> brauchen weniger Benzin. Neue Häuser haben eine bessere Isolierung
> und erfordern weniger Heizenergie. Leistungsfähigere Fördertürme ver-
> schwenden bei der Erdölgewinnung weniger Öl [...].«[23]

Demnach erlauben es moderne Techniken wie energieeffizientes Bauen
oder verbrauchsarme Motorisierung, stets mehr zu produzieren, ohne dabei
mehr Rohstoffe zu benötigen. Ist immerwährendes Wachstum also doch
möglich? Mankiw scheint ein Indiz dafür gefunden zu haben:

> »In einer Marktwirtschaft spiegelt sich Knappheit in den Marktpreisen.
> Wenn die Vorräte bestimmter natürlicher Ressourcen in der Welt zu
> Ende gingen, würden die Preise dieser Ressourcen im Zeitablauf anstei-
> gen. Tatsächlich ist jedoch eher das Gegenteil der Fall. Die Preise der
> meisten Ressourcen sind (inflationsbereinigt) stabil oder sinken sogar.
> [...] Die Marktpreise geben keinen Anlass zu der Vermutung, dass die
> natürlichen Ressourcen eine Grenze des Wachstums darstellen.«[24]

Aus welchem Grund wir eine einfache Extrapolation bisheriger Preisent-
wicklungen in die Zukunft voraussetzen sollten, verrät uns Mankiw allerdings nicht. Woher haben wir die Gewissheit, dass die Preise auch in vierzig

oder in fünfzig Jahren noch stabil sein werden? Woher haben wir die Gewissheit, dass künftige technologische Effizienzfortschritte an die bisherigen Erfolge anknüpfen können? Und selbst wenn dem so wäre, was wäre dann in Wahrheit gewonnen? Wenn man sich die Fakten anschaut, entpuppt sich der unter Ökonomen weit verbreitete ökologische Optimismus schnell als spekulativ, wenn nicht gar – vorsichtig formuliert – als naiv.

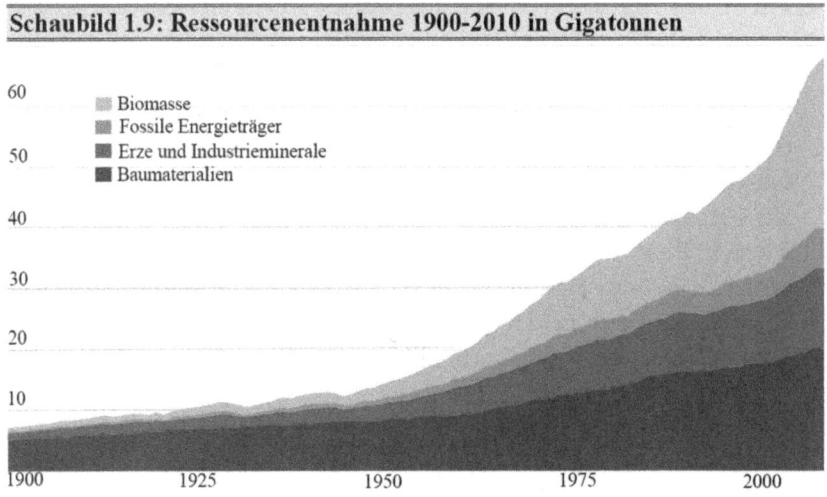

Schaubild 1.9: Ressourcenentnahme 1900-2010 in Gigatonnen

- Biomasse
- Fossile Energieträger
- Erze und Industrieminerale
- Baumaterialien

Quelle: Krausmann et.al.: Growth in global materials use, GDP and population during the 20th century. Ecological Economics 2009, Vol.68(10), 2696-2705, eigene Darstellung

Wie das Schaubild 1.9 eindeutig zeigt, nimmt der globale Ressourcenverbrauch seit mehr als hundert Jahren fortwährend zu. Zwischen 1900 und 2010 hat er sich in etwa verzehnfacht. Dass dies auch gegen die ständigen technologischen Effizienzfortschritte geschehen konnte, liegt daran, dass die möglichen Ressourceneinsparungen vom schieren Mengenwachstum weit übertroffen und damit wieder aufgefressen wurden. In der Vergangenheit konnten zum Beispiel erhebliche Fortschritte beim Kraftstoffverbrauch von Pkws erzielt werden. Trotzdem wird heutzutage mehr Kraftstoff getankt als je zuvor, eben weil immer mehr Menschen immer mehr und immer größere Autos fahren.[25]

Wenn der Erde aber trotz effizienterer Technologie in stets steigendem Ausmaß Ressourcen entnommen und diese Ressourcen eben hierdurch absolut
knapper werden, warum werden sie dann nicht teurer, was Mankiw fälschlicherweise dazu veranlasst, die Sache als eher unbedenklich einzustufen?
Antwort: Weil sich Marktpreise eben grundsätzlich nicht nach *absoluten*
Knappheiten richten, sondern nach relativen. Niedrige Preise spiegeln
ein hohes Angebot *im Verhältnis zur Nachfrage* wider, sagen aber nichts
über den absoluten Bestand der Ressourcen aus und sind insofern auch
kein geeigneter Indikator zur Ermittlung des Gesundheitszustandes unseres Ökosystems. Ob die Waldbestände aus ökologischer Sicht ausreichend
hoch sind, lässt sich unmöglich an den aktuellen Holzpreisen ablesen. Es
ist sogar im Gegenteil denkbar und in gewisser Weise auch logisch, dass
die Marktpreise eines Rohstoffes sinken, obschon die absoluten Vorräte an
demselben zur gleichen Zeit abnehmen. Ein Beispiel: Im Jahr 2015 sank der
Ölpreis auf ein Sechsjahrestief von zeitweise unter 40 US-Dollar pro Barrel
(Sorte WTI). Grund hierfür war ein zeitweilig stark erhöhtes Ölangebot,
unter anderem bedingt durch neue Fördertechniken in den USA (Fracking),
auf welche die OPEC-Staaten umgehend mit der massiven Ausdehnung
ihrer eigenen Fördermengen reagierten. Was den Preis senkte, verursachte
auf der anderen Seite natürlich schwindende Ölvorkommen, denn wo mehr
Öl gefördert wird, da nehmen die Vorräte ja absolut ab. Sinkende Rohstoff-
preise widersprechen darum keineswegs dem begründeten Urteil, dass Wirtschaftswachstum die natürlichen Ressourcen aufzehrt und sich damit auf
lange Sicht zwangsläufig selbst begrenzt. Es ist nur eine Frage der Zeit, bis
die fortschreitende Ressourcenverknappung die möglichen Fördermengen
unter den am Markt nachgefragten Bedarf drückt und damit schließlich
doch noch in ein steigendes Preisniveau umschlägt.

Doch auch ohne Kenntnis solcher Zusammenhänge sollte der Konflikt zwischen Wirtschaftswachstum und Ressourcenerhalt eigentlich klar als solcher
erkannt werden. Schließlich lässt sich die Produktion von Gütern schon
allein aus physikalischen Gründen niemals *dauerhaft* und noch dazu *in stets
steigendem Ausmaß* vom Rohstoffverbrauch trennen. Selbst die futuristischs-
te Technik setzte doch niemals die zwingende Logik außer Kraft, auf die die
Wachstumskritiker immer wieder gebetsmühlenartig hinweisen: Man mag

ja Güter mit *weniger* Ressourcen herstellen können, nicht aber ganz *ohne*.[26]
Stellvertretend für viele sei hierzu der Sozialwissenschaftler und Politiker
Christoph Spehr zitiert:

> »Ein Auto kann durch Leichtbauweise erheblich benzinsparender gebaut
> werden. Aber irgendwo ist Schluss: Das Auto kann nicht ganz ohne Ma-
> terial gebaut werden und nicht ohne Benzin gefahren werden. Die Vor-
> stellung von technischen Innovationen, durch die die Ökoproduktivität
> in gleichbleibender Weise immer weiter erhöht wird, beißt sich mit der
> Physik und gehört ins Reich der Magie.«[27]

Ressourceneffiziente Technik kann Wachstumsgrenzen mit Sicherheit *hin-
auszögern*, vielleicht kann sie das sogar noch einige Jahrzehnte lang, im besten Fall noch deutlich länger. Sie kann Wachstumsgrenzen aber eben nicht
umgehen, wie es im obigen Auszug aus Mankiws *Grundzügen der Volkswirtschaftslehre* schwarz auf weiß geschrieben steht. Auch ein Thomas Piketty
scheint in dieser Hinsicht ein wenig zu viel zu erwarten:

> »Nichts kann ausgeschlossen werden, [wenn es sich] um technologische
> Fortschritte handelt (die eines Tages vielleicht ein heute unvorstellbares
> umweltfreundliches Wachstum ermöglichen, neue Güter und Dienst-
> leistungen hervorbringen, die fast völlig entmaterialisiert sind […]).«[28]

Solange dieser Irrsinn an unseren Universitäten gelehrt wird und solange er
von unseren Studenten unhinterfragt geglaubt wird, behält der naive Tech-
nikoptimismus unter den akademischen Ökonomen die Oberhand. Damit
genießt der spekulative Glaube an eine technische Lösung der Ökologieproblematik an den wirtschaftswissenschaftlichen Fakultäten der Gegenwart
eine höhere Wertschätzung als eine naturwissenschaftlich und denklogisch
zwingende Argumentation.[29]

Blinde Flecken und nutzlose Modelle

Nimmt man all diese Beispiele zusammen, bekommt man eine erste Ahnung davon, warum es Ökonomen so selten gelingen will, wirtschaftliche Entwicklungen treffend vorherzusagen. Man bekommt außerdem ein Gefühl dafür, warum Ökonomen zur Beseitigung der Gegenwartskrisen bislang so wenig beitragen konnten. Den meisten Ökonomen fehlt entweder die Fähigkeit oder die Bereitschaft, Theorien mit Blick auf die Realitätstüchtigkeit der jeweiligen Grundannahmen zu reflektieren. Sie hantieren mit empirisch schwach geerdeten Modellen und konzentrieren sich allzu oft auf mathematische oder technische Details. Dabei blenden sie ganze Bereiche der sozialökonomischen Wirklichkeit aus und meiden kritische Fragen – sowohl über ihre eigene Methodik als auch über die Welt, in der sie leben. Den akademischen Nachwuchs statten sie infolgedessen mit einer »Realitätsblindheit« aus, den dieser an die nächste Generation weitergibt, sobald er selbst die Lehrenden stellt. So konnte ich es als Student erfahren, als ich mich trotz Bestnoten ahnungslos fühlte. Und so konnte ich es als Lehrer erneut erfahren, als ich meinen Schülern falsche Bilder der Realität malte.

2) Wirtschaftswissenschaft als Herrschaftsmythos

Vollbeschäftigung scheint unmöglich, die Schuldenkrise hat niemand kommen sehen und Wachstumsgrenzen werden beiseitegeschoben. Wie kann eine ganze Profession so irren? Als erste Ursache für das Versagen der akademischen Volkswirtschaftslehre habe ich im vorigen Kapitel die methodischen Unzulänglichkeiten der Disziplin angeführt. Meines Erachtens taugt diese Erklärung aber nur teilweise, zumal sie in gewisser Weise auch selbst erklärungsbedürftig ist. Die tieferen Wurzeln für das Versagen der Wirtschaftswissenschaften mitsamt ihrer realitätsfremden Methodik vermute ich in einem größeren Zusammenhang: Als zweite, gewichtigere Ursache für das Nichtkönnen der führenden Ökonomen beabsichtige ich in diesem Kapitel politisch-ideologische Einflüsse nachzuweisen. Es mag unbequem sein, sich dem stellen zu müssen, denn es ist um einiges einfacher und unverdächtiger, die methodischen Versäumnisse einer wissenschaftlichen Disziplin zu tadeln, als gleichsam die gesellschaftlichen Verhältnisse zu hinterfragen, in die eben jene Disziplin eingebettet ist. Will man das Nichtkönnen der akademischen Ökonomen ernsthaft verstehen, muss man aber genau hier ansetzen. Die ganze Brisanz der Sache lässt sich in folgender Kernthese zuspitzen: Würden die Ökonomen die tieferen Ursachen der gegenwärtigen Krisen *umfassend* deuten, müssten sie konsequenterweise wirtschaftspolitische Empfehlungen formulieren, die aus heutiger politischer Perspektive als subversiv gälten. Ökonomen *müssen* Teile der Wahrheit ausblenden, sonst zerbricht die herrschende gesellschaftliche Ordnung.

Um Missverständnissen gleich vorzubeugen: Es handelt sich bei dem hier zu Entwickelnden *nicht* um eine Verschwörungstheorie. Das Ausblenden unbequemer Wahrheiten zum Erhalt der gesellschaftlichen Ordnung setzt keine geheimen Absprachen unter Volkswirten voraus. Volkswirte sind überdies auch keine Opfer von Repressalien, denen man die Erforschung der Wahrheit durch offene Drohungen seitens der Universitätsleitung oder seitens der Staatsmacht verbieten will. Niemand zwingt die Ökonomen dazu, ihre Forschungsarbeit derart auf politische Linie zu bringen. Das ist auch gar nicht nötig. Denn Ökonomen sind, wie alle anderen Bürger auch, Kinder des herrschenden gesellschaftlichen Systems mit all seinen kulturellen Denkmustern und Werten. Wir wachsen auf in einer politischen und sozialen Wirklichkeit, die wir, weil wir sie nicht anders kennen, zunächst einmal als Norm setzen. Andere gesellschaftliche Ordnungen betrachten wir entsprechend als abweichend oder gar als gefährlich. Insofern ist es absolut verständlich und völlig menschlich, dass sich wirtschaftswissenschaftliche Forschung zuallererst *innerhalb systemkonformer Grenzen* bewegt. Um anders zu verfahren, gehörte auch schon einiges dazu. Dazu bedürfte es nicht nur der philosophischen Grundhaltung, Faktisches radikal zu hinterfragen – eine Haltung, die keineswegs selbstverständlich ist und die im gegenwärtigen Bildungssystem auch nicht gerade gefördert wird. Es bräuchte überdies den Mut, sich dem Vorwurf des politischen Extremismus auszusetzen, den man sich unweigerlich einhandeln würde, sobald man dazu überginge, zur Überwindung ökonomischer Probleme grundlegende Systemveränderungen zu empfehlen. Weil kein gestandener Professor seine Reputation riskieren will, scheint allein schon diese letzte Hürde einer konsequenten Wahrheitssuche im Weg zu stehen.

In den nachstehenden Überlegungen möchte ich diese Problematik anhand von Beispielen erläutern. Dabei bediene ich mich der Einfachheit halber der drei im ersten Kapitel angerissenen Themenkomplexe, die dem Leser bereits vertraut sind, nämlich dem naiven Wachstumsoptimismus, dem eingeschränkten Blick auf unser Geldsystem und dem ungelösten Dauerproblem der Arbeitslosigkeit. An allen drei Themen, die nun noch etwas gründlicher betrachtet werden müssen, lässt sich der Ideologiegehalt unserer akademischen Volkswirtschaftslehre besonders deutlich zeigen.*

---

*   Allen Lesern, die darüber hinaus vertiefende, historische Analysen zur ideologischen Aufladung der Standardökonomik wünschen, lege ich die Lektüre des zweiten Teils von Peter Ulrichs Werk »Integrative Wirtschaftsethik« nahe. Vgl. Ulrich Peter: Integrative Wirtschaftsethik. Grundlagen einer lebensdienlichen Ökonomie, Bern 2008, S. 137–215.

»Wir brauchen mehr Wachstum«

Es war einmal eine bewaldete Insel, deren Bewohner immer mehr Holz-hütten bauten. Irgendwann wurden die Bäume knapp. Sehenden Auges bauten die Bewohner weiter. Ihre Wirtschaftswissenschaftler hatten näm-lich argumentiert, es bestünde keine ernsthafte Gefahr. Ersetzen wir die Insel durch die Erde, die Bäume durch natürliche Ressourcen und die Hüt-ten durch das Weltsozialprodukt, haben wir die ganze Paradoxie unserer aktuellen Wirtschaftsweise erfasst. – Alle wollen Wachstum: Die Politiker wollen es, die Unternehmer wollen es, die Gewerkschaften wollen es. Die Journalisten feiern es, die Ökonomen empfehlen es. Deutschland hat das Wirtschaftswachstum sogar als Staatsziel im Grundgesetz verankert.[30] Dabei ist es keineswegs so, dass niemand um die ökologischen Nebenwirkungen des Wachstums wüsste. Fast alle diesbezüglichen Überlegungen konzen-trieren sich jedoch allein auf die Frage, wie man Wirtschaftswachstum und Umweltschutz *vereinbaren* könnte.[31] Ein eventueller Wachstumsstopp be-ziehungsweise eine Schrumpfung der Wirtschaft stehen in der öffentlichen Diskussion gar nicht zur Debatte. Das ist umso bedauerlicher, als sämtliche Strategien eines ökologisch verträglichen Wachstums langfristig zum Schei-tern verurteilt sind.

So zum Beispiel die von den führenden Ökonomen viel zitierte Effizienz-strategie.[32] Sie will mithilfe des technischen Fortschritts mehr Güter bei ge-ringerem Ressourcenverbrauch herstellen, also etwa mehr Holzhütten mit weniger Bäumen. Wie im vorigen Kapitel schon besprochen[33], wirkt diese Strategie höchstens kurzfristig. Außerdem steht zu befürchten, dass ein zu stark steigendes Wachstum mögliche Effizienzfortschritte wieder auffrisst. Im Grunde ist die Technikgeschichte ja voll mit Effizienzrevolutionen, die aber allesamt nicht zur erhofften Entschärfung der Ökologieproblematik geführt haben.[34]

Andere Strategien zielen nicht auf Effizienz, sondern auf Konsistenz.[35] Die Konsistenzstrategie will in der Güterproduktion ausschließlich regenerative und natürlich abbaubare Ressourcen verwenden. Anstelle der Kohle könn-ten zum Beispiel Wind- und Solarenergie für Strom sorgen, anstelle des herkömmlichen Öls könnte Raps unsere Motoren befeuern. Speziell das letzte Beispiel zeigt aber schon die Grenzen dieser Strategie auf: Auch *erneuerbare* Rohstoffe (wie Raps) sind nicht unbegrenzt verfügbar und dürfen nicht schneller abgebaut werden, als sie wieder nachwachsen. Mitnichten ermöglichen sie deshalb unbegrenztes Wachstum. Eine nach menschlichen Dimensionen *un*erschöpfliche Reserve bieten zwar Wind und Sonne. Gleichwohl dienen Wind und Sonne zur Gewinnung von *Energie*, nicht zur Herstellung von *Gütern.* Aus Sonnenstrahlen oder bewegter Luft hat noch niemand ein stoffliches Produkt geformt. Entscheidend ist eben nicht nur, woher unsere Energie kommt, sondern auch, welche Stoffmengen damit bewegt und in Güter transformiert werden. Ob wir die natürlichen Rohstoffe der Erde am Ende mit schmutziger oder mit sauberer Energie ausbeuten, stellt uns allenfalls vor die Wahl zwischen zwei verschieden großen Übeln. Eine Vereinbarkeit zwischen Wachstum und Umweltschutz leistet deshalb auch die Konsistenzstrategie nicht.

Übrigens: Nicht nur aus einer ökologischen Perspektive steht der Sinn weiteren Wachstums auf dem Prüfstand. Bemerkenswert ist auch, dass steigender materieller Reichtum uns seit Jahrzehnten nicht mehr glücklicher macht. Entsprechende Studien belegen eine Entkopplung zwischen Bruttoinlandsprodukt und Lebenszufriedenheit seit den 1980er-Jahren[36] – ein Umstand, der weder im öffentlichen Diskurs noch in der wirtschaftspolitischen Praxis zur Kenntnis genommen wird.

Noch bemerkenswerter ist allerdings, wie verschiedenste »Experten« bei ihrer Forderung nach stetigem Wachstum die Mathematik übergehen. Stetiges Wachstum bedeutet im Idealfall, konstant hohe Wachstumsraten zu erzielen, beispielsweise 3 Prozent jährlich. Konstante Wachstumsraten bewirken aber im Ergebnis ein *exponentielles* Wachstum. Wollte man ein solches Wachstum erreichen, genügte es nicht, jedes Jahr einfach nur mehr herzustellen als im Vorjahr. Exponentielles Wachstum erfordert einen stets größer werdenden absoluten Zuwachs, es setzt sozusagen eine fortwährende Steigerung der Steigerung voraus.[37] Am besten lässt sich das grafisch zeigen (Schaubild 2.1):

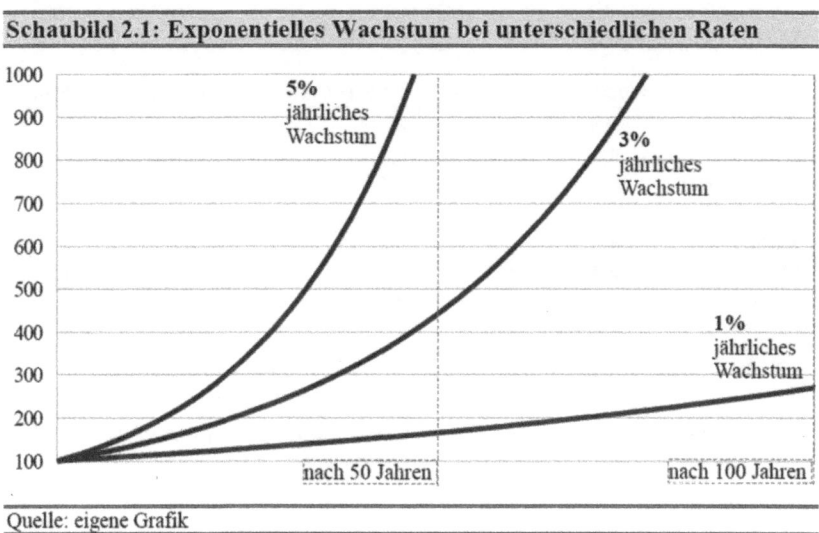

Schaubild 2.1: Exponentielles Wachstum bei unterschiedlichen Raten

Quelle: eigene Grafik

Bei konstanter Rate von nur einem Prozent jährlichen Wachstums, was nun wirklich nicht nach viel klingt, würde sich ein fiktives Ausgangs-Sozialprodukt von 100 Einheiten bereits nach 70 Jahren verdoppeln. Innerhalb eines Jahrhunderts hätte sich das Sozialprodukt um den Faktor 2,7 erhöht, also beinahe verdreifacht. Bei konstant dreiprozentigem Wachstum stellte sich die erste Verdopplung nach nur 24 Jahren ein, im Laufe von 100 Jahren erhöhte sich das Sozialprodukt sogar auf 1.922 Einheiten, es hätte sich also beinahe verzwanzigfacht. Bei einer Rate von 5 Prozent jährlichen Wachstums verdoppelte sich das BIP alle 14½ Jahre. Nach einem Jahrhundert betrüge es das 130Fache seines Ausgangswertes. Würden wir die x-Achse in Schaubild 2.1 um hundert weitere Jahre nach rechts verlängern, schösse die Kurve des fünfprozentigen Wachstums mit einer mehr als 17.000-fachen Vervielfältigung in den Himmel. Die Kurve des dreiprozentigen Wachstums sprengte den Maßstab nach einer 370-fachen Steigerung des Sozialprodukts ebenfalls um Längen. Und die Kurve des einprozentigen Wachstums würde immerhin bei 732 Einheiten landen – das entspräche einer mehr als 7fachen

Schaubild 2.2: Durchschnittliche Wachstumsraten des BIP in Prozent

	1951-1960	1961-1970	1971-1980	1981-1990	1991-2000	2001-2014
Deutschland	8,3	4,5	2,9	2,3	2,0	1,1
Frankreich	4,6	5,7	3,6	2,5	2,1	1,1
Großbritannien	3,4	3,1	2,1	2,9	2,4	1,8
Italien	k.A	6,1	3,8	2,4	1,7	0,0
Spanien	k.A	7,1	3,7	2,9	2,8	1,4
EU-15	k.A	k.A	3,2	2,5	2,3	1,1
USA	k.A	4,3	3,2	3,4	3,5	1,8
Japan	k.A	9,3	4,5	4,6	1,1	0,8
OECD	k.A	k.A	3,5	3,2	2,8	1,7

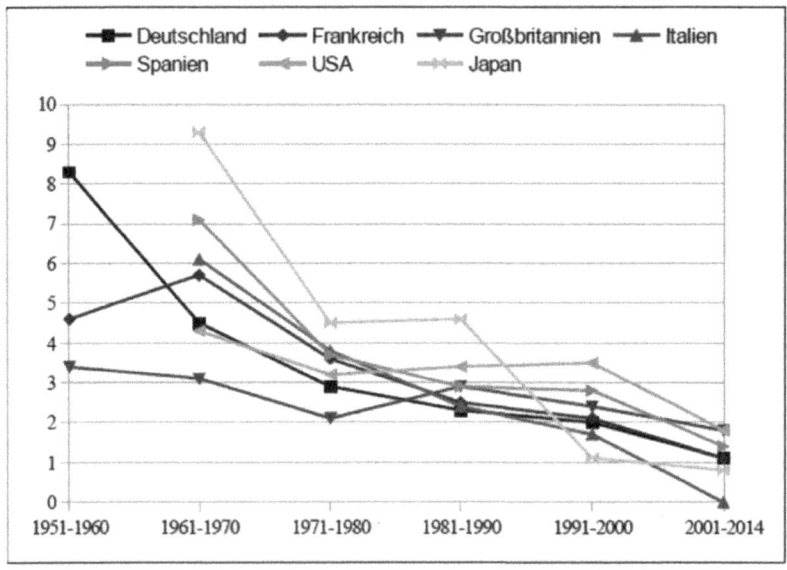

Quelle: Statistisches Bundesamt: Volkswirtschaftliche Gesamtrechnungen, lange Reihen ab 1925, Wiesbaden 2015 (bis 1991 einschließlich wurden nur die Zahlen für die damalige Bundesrepublik (Westdeutschland) berücksichtigt – aus konzeptionellen und definitorischen Gründen sind die Zahlen vor und nach 1970 nicht vollends vergleichbar), sowie: Statistische Datenbank der Weltbank (http://databank.worldbank.org), der OECD (http://stats.oecd.org) und eigene Berechnungen.

Steigerung des Sozialprodukts in 200 Jahren (und einer Verzwanzigfachung nach 300 Jahren).

Die Unmöglichkeit eines unbegrenzten, exponentiellen Wachstums dürfte spätestens beim Anblick solcher Zahlen und Kurvenverläufe jedem Menschen einleuchten. Es nimmt daher nicht Wunder, dass die durchschnittlichen Wachstumsraten der meisten Industrienationen *realiter* eben nicht konstant geblieben, sondern seit Jahrzehnten sukzessive gesunken sind (Schaubild 2.2).

Bejubelten die Deutschen in den 1950er-Jahren mitunter zweistellige Wachstumsraten (12,1 Prozent im Jahr 1955), mussten sie sich spätestens ab den 1970er-Jahren mit einem jährlichen Durchschnitt von zwei bis drei Prozent begnügen – Tendenz weiterhin sinkend. Dabei signalisieren die sinkenden Wachstumsraten keinesfalls abnehmende Produktionsmengen. Sie deuten eher auf in etwa *gleichbleibende* absolute Produktionszuwächse über einen längeren Zeitraum hin. Die deutsche Wirtschaft ist demnach – mit wenigen Ausnahmen[38] – Jahr für Jahr gewachsen, und zwar um mehr oder weniger ähnliche absolute Beträge. Das absolute Wachstum der 1990er-Jahre steht dem absoluten Wachstum der Nachkriegszeit so gesehen in nichts nach. Die hohen Wachstumsraten der 1950er-Jahre haben denn auch weniger mit einem angeblichen Wirtschafts*wunder* zu tun als vielmehr mit schnöder Mathematik. In einem zerstörten Land bewirkt ein vergleichsweise geringes absolutes BIP-Wachstum nun mal hohe prozentuale Zuwachsraten. Ist das Land wieder aufgebaut und wohlhabend, schlägt sich ein gleich hohes absolutes BIP-Wachstum in deutlich niedrigeren Raten nieder. Rechnen Sie es selbst einmal nach: Wenn Sie in einen mit einem Liter gefüllten Eimer einen zusätzlichen Liter hineingießen, und wenn Sie anschließend mit einem mit zehn Litern gefüllten Eimer dasselbe tun – welcher Eimer weist dann die höhere Wachstumsrate seines Inhalts auf? Natürlich der geringer gefüllte Eimer (Wachstumsrate von 100 Prozent gegenüber 10 Prozent). Das liegt aber nicht daran, dass Sie in diesen Eimer mehr hineingegossen hätten, sondern einfach daran, dass in diesem Eimer vorab weniger drin war. Weiß man um diesen Zusammenhang, braucht man beim Blick auf chinesische oder indische Wachstumsstatistiken nicht länger in Neid und Ehrfurcht zu erstarren. Schwellenländer wie China oder Indien sitzen bildlich gesprochen vor einem (halb)leeren Eimer, Deutschland hingegen vor einem vollen. Auch Deutschlands Eimer war nach dem Krieg einmal leer. Jetzt ist er es aber nicht mehr, und eben deshalb fällt es uns unter anderem so schwer, hohe Wachstumsraten zu generieren.

Schaubild 2.3: Wachstumsraten in Abhängigkeit von der Ausgangsgröße

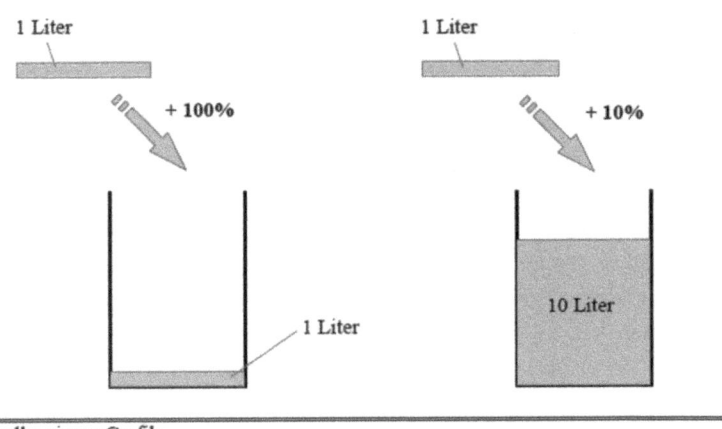

Quelle: eigene Grafik

Wenn zur allgemeinen Huldigung des Wirtschaftswachstums selbst einfachste mathematische Sachverhalte ignoriert werden, was läuft dann eigentlich schief? Warum will selbst unter den intelligentesten Wirtschaftswissenschaftlern, geschweige denn unter Spitzenpolitikern und Mainstreamjournalisten kaum jemand einsehen, dass stetiges Wirtschaftswachstum weder ökonomisch möglich noch ökologisch und eudämonisch (das Lebensglück betreffend) erstrebenswert ist?

Der Grund ist nicht mathematischer, sondern ideologischer Natur: Ein dauerhaftes Nullwachstum, geschweige denn ein Negativwachstum, destabilisiert unsere sozialökonomische Ordnung.[39] Um das zu verstehen, müssen wir ganz am Ausgangspunkt des kapitalistischen Wirtschaftssystems ansetzen. Hauptziel der kapitalistischen Produktionsmittelbesitzer ist bekanntlich der Gewinn, und zwar bestenfalls ein stets *wachsender* Gewinn. Den können die kapitalistischen Unternehmer grundsätzlich auf zwei Wegen erreichen: Entweder steigern sie ihre Erlöse, oder sie senken ihre Kosten. Ihre Erlöse können sie unter anderem durch höhere Verkaufszahlen steigern. Je größere Mengen sie absetzen, umso mehr Geld fließt ceteris paribus[40] in ihre Taschen. Umgekehrt schmälert Nullwachstum die Chancen auf ein Gewinnwachstum. Bei nur gleichbleibenden Verkaufszahlen stagnieren ceteris paribus die Erlöse, bei sinkenden Verkaufszahlen (Negativwachstum) sinken sie entsprechend. Mit einem Wort: Wirtschaftswachstum fördert das Gewinnwachstum. Stellen wir uns hingegen im Gedankenexperiment eine fiktive Weltregierung vor, die per Gesetz ein globales Null- oder Negativwachstum durchsetzte, könnten *einzelne* Unternehmer Produktion und Verkauf nur dann ausdehnen, wenn andere umso größere Einbußen hinnähmen (siehe Schaubild 2.4). Anders ausgedrückt: Wenn die Märkte insgesamt nicht mehr wachsen dürften, müssten die Produzenten um die verbleibenden Markt*anteile* konkurrieren. Folglich setzte ein globaler Verdrängungswettbewerb ein, bei dem Konkurse, Fusionen und Übernahmen an der Tagesordnung stünden. Ließe sich der Gewinn über die Erlösseite nicht hinreichend steigern, bliebe den Kapitalisten als alternative Option nur noch die Kostensenkung. Stärker als in einer Wachstumswirtschaft würden darum die Unternehmer bei Null- oder Negativwachstum darauf bedacht sein, Löhne, Steuern und Sozialabgaben zu minimieren. Ähnliches erleben wir ja auch heute schon, wenn die Wachstumsraten hinter den Erwartungen zurückbleiben und die Wirtschaft in eine Phase der Rezession rutscht.

Wachstum stabilisiert unser System. Ausbleibendes Wachstum stürzt es in erbitterte Verteilungskämpfe. Ein entspannter Umgang mit Null- oder Negativwachstum erforderte demgegenüber eine Wirtschaftsordnung, die ohne Gewinnstreben auskäme. Fiele die systemimmanente Gier nach mehr weg, bräuchte der Kuchen nicht ständig zu wachsen. Eine Wirtschaft *ohne* Gewinnstreben bedeutete allerdings eine Abkehr von der bisherigen kapitalistischen Marktwirtschaft und damit eine radikale Umgestaltung des herrschenden Wirtschaftssystems. Das erzeugt verständlicherweise Angst. Und

unter Angst verdrängen wir Menschen so manches – wenn es sein muss sogar die mathematische Logik …

Schaubild 2.4: Verteilung des Sozialprodukts mit und ohne Wachstum

Mögliche Verteilung des Sozialprodukts mit Wachstum

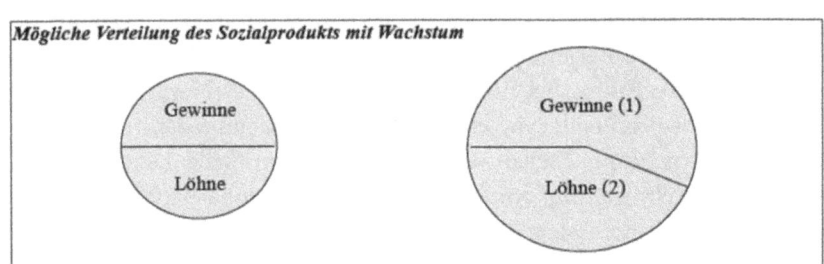

In einer stark wachsenden Wirtschaft können die Kapitalisten ihre Gewinne (1) sowohl absolut als auch in Relation zur Lohnsumme erhöhen, ohne dass es den Arbeitern für sich genommen schlechter ginge. Denn auch die Lohnsumme (2) kann bei hinreichendem Wachstum absolut steigen.

Mögliche Verteilung des Sozialprodukts ohne Wachstum

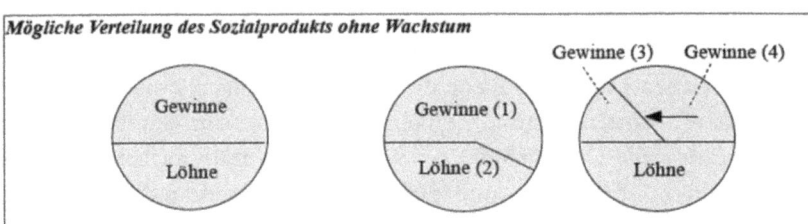

Wollen die Kapitalisten in ihrer Gesamtheit ihre Gewinne (1) steigern, geht das bei Nullwachstum nur zulasten der Löhne (2). Bei gleichbleibender gesamtwirtschaftlicher Relation zwischen Gewinnen und Löhnen können *einzelne* Kapitalisten ihre Gewinne (4) nur noch dann steigern, sofern *andere* Kapitalisten Verluste einfahren, deren Gewinne (3) also schwinden.

Quelle: eigene Grafik

»Wir müssen für mehr Arbeit sorgen«

Schauen wir uns ein weiteres Themenfeld an, das wir Ökonomen üblicherweise allein aus der systemkonformen Perspektive beackern: die Arbeitslosigkeit. Zu ihrer Bekämpfung werden mal Entlastungen für Arbeitgeber,
mal eine Erhöhung der Kaufkraft, mal eine verbesserte Ausbildung künfti-
ger Arbeitnehmer, mal flexiblere Arbeitszeitregelungen, in jedem Falle aber
Wachstum empfohlen. Die grundlegenden Rahmenbedingungen der gesellschaftlichen Produktionsverhältnisse, durch welche die Arbeitslosigkeit
überhaupt erst entstehen kann, blendet die akademische Wirtschaftswissenschaft hingegen konsequent aus. Was hat es mit diesen Rahmenbedingungen auf sich?

Um die ursprüngliche Entstehung von Arbeitslosigkeit besser verstehen zu
können, schauen wir uns am besten historisch weit zurückliegende Gesell-
schaftsformen an, in denen das Wirtschaften noch ganz anders organisiert
war als bei uns heute. Starten wir mit folgender Rätselfrage: Warum gab es
in der Altsteinzeit eigentlich keine Arbeitslosigkeit? Die verblüffende Antwort: Weil es keine Arbeitsplätze gab. Es gab weder Arbeitgeber noch Arbeitnehmer. Es gab niemanden, der Arbeit anbot, und niemanden, der Arbeit suchte. Wer arbeiten wollte, der tat das einfach. Brauchte man Fleisch,
jagte man ein Tier. Brauchte man Werkzeug, stellte man es her. Man be-
diente sich an dem, was die Natur zur Verfügung stellte – und es gab außer
der Natur selbst niemanden, der die Menschen daran hinderte. Während
der meisten Zeit ihrer Existenz auf Erden, das heißt während mindestens
150.000 Jahren,[41] haben die Menschen das Problem der Arbeitslosigkeit
demnach nicht gekannt.

Wie ist dann aber die Arbeitslosigkeit in die Welt gekommen? Damit sie
überhaupt ihre Arbeit verlieren konnten, musste man die Menschen offensichtlich irgendwie von ihrem »Selbstbedienungsladen Natur« loseisen.
Genau das ist vor über zehntausend Jahren zum ersten Mal geschehen. Im
Zuge der neolithischen Revolution wurden die Menschen allmählich sess-
haft. Sie begannen damit, den Grund und Boden, auf dem sie lebten, als
ihr Eigentum zu definieren, und hinderten andere an dessen Nutzung. Zum

gemeinschaftlichen Eigentum gesellte sich alsbald das Privateigentum. Wer stark, das heißt gewalttätig oder listig genug war, brachte sich in den Besitz kleinerer oder größerer Stückchen Land.[42] Und heute? Heute gibt es fast keinen Flecken Erde mehr, der nicht irgendjemandem gehört. Das ist natürlich zum großen Nachteil all derer, die im Wettlauf um die Besitznahme der Natur leer ausgingen. Bekanntlich handelt es sich hierbei um die übergroße Mehrheit der Weltbevölkerung. All diese Menschen sind mangels Zugriffs auf natürliche Ressourcen nicht mehr dazu in der Lage, aus freien Stücken etwas herzustellen. Sie haben auf dieser Erde keinen Platz, an dem sie die Natur bearbeiten könnten. Um dennoch überleben zu können, müssen sie hoffen, dass andere ihnen einen *Arbeits-Platz* anbieten. So sind all diese Menschen abhängig von der kleinen, besitzenden Minderheit, die über die natürlichen Rohstoffe sowie über Werkzeuge und Fabriken zu deren Bearbeitung verfügt. Nur in dem Ausmaß, in dem diese Minderheit Arbeitskräfte benötigt, stehen Arbeitsplätze zur Verfügung. Arbeitslosigkeit – das sollte uns allen klar sein – ist damit ein menschheitshistorisch relativ junges Phänomen, bedingt durch historisch entstandene Eigentumsverhältnisse.

Heutige Lehrbücher der Ökonomie verlieren über solche historischen Perspektiven in der Regel kein einziges Wort. In den herrschenden ökonomischen Theorien werden die Eigentumsverhältnisse schlicht als gegeben betrachtet und nicht weiter hinterfragt. Man mag es unseren Ökonomen nachsehen, schließlich besteht die gesellschaftliche Institution des Privateigentums nun schon seit mehreren Jahrtausenden, während jüngere historische Experimente zur Kollektivierung des Privateigentums aus verschiedenen Gründen gescheitert sind – darauf werden wir noch zurückkommen. Dennoch birgt die verengte historische Perspektive einen großen Nachteil: Bei der Suche nach wirksamen Lösungen zur Beseitigung der Massenarbeitslosigkeit wird das Möglichkeitsspektrum allein auf systemkonforme Maßnahmen reduziert. Alle unorthodoxen Maßnahmen bleiben ungedacht, wenngleich sie von einem wertfreien, wissenschaftlichen Standpunkt aus durchaus als zielführend einzustufen wären. Spielen wir das gedanklich einmal durch.

Eine erste unorthodoxe Maßnahme zur Beseitigung von Arbeitslosigkeit könnte in einer derartigen Neuordnung der Eigentumsverhältnisse liegen, die niemanden mehr von Arbeit ausgrenzte. Die Barrieren zwischen Mensch und Natur, die durch das Privateigentum an Produktionsmitteln errichtet wurden, müssten dann fallen – politisch unvorstellbar, der wissenschaftlichen Gründlichkeit halber wollen wir unser Überlegungen aber fortführen. Wenn die Eigentumsgrenzen fallen würden, könnte heute an deren Stelle natürlich keine altsteinzeitliche, das heißt völlig eigentums*lose* Ordnung treten. Stattdessen müsste, dem Stand der modernen Technik und der heutigen Bevölkerungsgröße entsprechend, eine Kollektivierung des Produktionsmitteleigentums erfolgen. Die öffentliche Hand könnte dieses Eigentum dann nach anderen Maximen bewirtschaften, als Private dies tun. Nicht die stetige Gewinnmaximierung, sondern die gerechte Versorgung der Menschen mit Arbeit und Gütern stünde fortan im Zentrum aller Überlegungen. Praktisch könnte dies sowohl mittels öffentlich organisierter Betriebe als auch durch eine zeitlich begrenzte Verpachtung von Produktionsmitteln geschehen. Arbeitslosigkeit wäre in einem solchen System undenkbar.

Sollten jetzt in Ihrem Kopf sämtliche antikommunistischen Alarmglocken schrillen, wären Sie damit sicherlich nicht alleine. War es nicht genau diese Art von Wirtschaftsorganisation, die im 20. Jahrhundert Millionen Menschen das Leben gekostet hat? Bedeutet Kollektiveigentum nicht zwangsläufig Misswirtschaft und Unterdrückung? Mancher Leser im mittleren Alter wird es vermutlich mit dem französischen Starökonomen Thomas Piketty halten:

> »Ich gehöre zu der Generation, die erwachsen wurde, als sie im Radio vom Zusammenbruch der kommunistischen Diktaturen hörte, und die nicht das Geringste für diese Regime und das Sowjetsystem übrighatte oder ihnen nachtrauerte. Ich bin immun gegen die herkömmlichen und wohlfeilen antikapitalistischen Diskurse, die zuweilen dieses gewaltige historische Scheitern ignorieren […].«[43]

Aus einer nüchternen, streng wissenschaftlichen Perspektive sollte man das Geschehen allerdings differenzierter betrachten. Auch ich, der 1989 als Achtjähriger die Bilder vom Mauerfall im Fernsehen sah, habe für die Regime von DDR und Sowjetunion überhaupt nichts übrig, und auch ich weine ihnen keine Träne nach. Ich möchte es jedoch mit aller Macht vermeiden, aus dem empirischen Verlauf der Geschichte theoretische Fehlschlüsse zu ziehen. Der Verweis auf eine historische *Singularität* (Scheitern des *real existierenden* Kommunismus im 20. Jahrhundert) lässt rein logisch ja noch keine *grundsätzlichen*, das heißt keine für alle Zeiten gültigen Urteile über den normativen Gehalt des Kollektiveigentums zu. Wer sagt denn, dass Kollektiveigentum *zwingend* eine Diktatur wie das damalige Sowjetregime voraussetzt? Wer sagt denn, dass die Menschen *zwangsläufig* bespitzelt, gefoltert, unterdrückt und ins Gefängnis gesperrt werden? Rein theoretisch kann man sich eine kollektivistisch organisierte Ökonomie doch auch als freiheitlich-demokratisches Gebilde vorstellen. Sogar praktisch hat es so etwas schon gegeben, nämlich ansatzweise im Chile der frühen 1970er-Jahre. Dort hatte das Volk in freien Wahlen den Sozialisten Salvador Allende zum Präsidenten gewählt. Unter Wahrung aller politischen Freiheitsrechte begann Allende mit dem friedlichen Umbau der Eigentumsordnung. Es hätte ein interessantes historisches Experiment darüber werden können, ob und wie sich kommunistische Ideen in einem demokratischen Staat langfristig verwirklichen lassen. Vielleicht hätte die Welt dann erfahren, dass kollektives Wirtschaften auch friedlich und demokratisch funktionieren kann. Dazu kam es aber nicht, weil am 11. September 1973 ein gewisser General namens Pinochet unter freundlicher Mitwirkung der USA den demokratisch gewählten Präsidenten Allende aus dem Amt putschte.[44] Der Kommunismus war hier weder einer vermeintlichen Misswirtschaft noch einer unfähigen Regierung zum Opfer gefallen. Er wurde von kapitalistischen Mächten gezielt beseitigt. Im Anschluss machten die Putschisten Jagd auf chilenische Kommunisten im ganzen Land. Sie folterten und töteten Zehntausende. Systematisch unterstützt wurden sie dabei von der CIA.[45] Bis 1990 herrschte eine menschenverachtende Militärdiktatur – ausgestattet mit einer »freiheitlich«-kapitalistischen Wirtschaftsordnung und den besten Beifallsbekundungen westlicher Ökonomen.[46]

Das Beispiel soll zeigen, dass man Politik- und Wirtschaftssystem nicht gleichsetzen darf. Eine kapitalistische Ordnung kann sich demokratisch oder autoritär einkleiden. Und auch eine kollektivistisch organisierte Ökonomie kann sich eben *entweder* als Demokratie *oder* als Diktatur präsentieren. Eine Neuordnung der Eigentumsverhältnisse als mögliche Option zur Bekämpfung von Arbeitslosigkeit auszuschließen, »nur« weil in der Vergangenheit grausame Diktatoren die Marx'sche Utopie pervertiert haben, ist insofern etwas voreilig. Gewiss, Vorsicht ist aufgrund der schlimmen historischen Erfahrungen stets geboten – Angst hingegen ist ein schlechter Ratgeber. Voreilig wäre es übrigens auch, die hier verfassten Zeilen als Plädoyer für den Kommunismus zu deuten. Sie sind lediglich ein Appell an die Offenheit des Denkens.

Eine kollektivistische Eigentumsordnung ist zur Herstellung von Vollbeschäftigung jedoch nicht unbedingt nötig. Sie ist eine denkmögliche Option, keineswegs eine zwingende Voraussetzung. Auch mit Privateigentum ist Vollbeschäftigung ein erreichbares Ziel – allerdings nur, wenn bestimmte Bedingungen erfüllt sind. Wie lauten diese Bedingungen?

Um in einer *privatwirtschaftlichen* Ökonomie allen arbeitsuchenden Menschen einen Arbeitsplatz bieten zu können, muss die Nachfrage der privaten Unternehmer nach Arbeitskräften hinreichend hoch sein. Gerade deshalb fordern unsere Wirtschaftsexperten ja fortwährend, das Qualifikationsniveau der Arbeitskräfte zu verbessern, die Lohnkosten nur mäßig zu erhöhen oder gar zu senken, Investoren ins Land zu locken und überhaupt hohe Produktionsmengen (also Wachstum) zu generieren, denn wo mehr produziert wird, da werden normalerweise mehr Arbeitskräfte gebraucht. Konterkariert werden diese Strategien jedoch dadurch, dass der technische Fortschritt laufend menschliche Arbeit ersetzt oder andere Faktoren[47] für eine steigende Arbeitsproduktivität sorgen. Seit Jahrzehnten ist das, wenngleich mit abnehmenden Zuwachsraten, der Fall (siehe Schaubild 2.5).

Schaubild 2.5: Zuwachsraten der Arbeitsproduktivität

	1970-1980	1980-1990	1990-2000	2001-2013
Deutschland	3,8	2,3	2,2	0,9
Frankreich	4,0	3,0	2,1	1,0
Großbritannien	2,9	2,1	2,5	1,0
USA	1,5	1,6	1,8	1,6
G7	2,9	2,3	2,1	1,3

Quelle: Statistische Datenbank der OECD (http://stats.oecd.org). Angegeben ist die durchschnittliche jährliche Veränderung des BIP je Erwerbstätigenstunde in Prozent.

Was hieraus folgt, verdient eine etwas genauere Betrachtung. Wenn die Arbeitsproduktivität steigt, dann steigt das Verhältnis von Produktionsmenge zu Arbeitseinsatz. So kann ein Unternehmer jedes Mal, wenn die Arbeitsproduktivität steigt, die *gleiche* Produktionsmenge mit *geringerem* Arbeitskrafteinsatz generieren oder aber bei *gleichbleibendem* Einsatz von Arbeitskräften *mehr* herstellen als zuvor. Wo Maschinen, Roboter und Computer Menschen ersetzen können, erfordert ein *gleichbleibendes* Beschäftigungsniveau demnach *steigende* Produktionsmengen. Um die Menschen bei steigender Produktivität in Beschäftigung zu halten, muss die kapitalistische Ökonomie also *wachsen.* Steigt zum Beispiel, wie in Deutschland, die Arbeitsproduktivität zwischen 1971 und 2014 durchschnittlich um 2,2 Prozent jährlich,[48] braucht es ceteris paribus ein durchschnittliches Wirtschaftswachstum von ebenfalls 2,2 Prozent jährlich, damit niemand seine Arbeit verliert. Will die betreffende Volkswirtschaft darüber hinaus zusätzliche Arbeitsplätze schaffen, muss sie noch stärker wachsen, in diesem Fall über die Rate von durchschnittlich 2,2 Prozent im Jahr hinaus.

Genau diesen Weg empfehlen die führenden Ökonomen seit Generationen. Streiten tun sie sich nicht über das *Ob,* sondern nur in der Frage, *wie* entsprechend hohe Wachstumsraten am besten zu realisieren seien. Liberale Ökonomen favorisieren die Angebotspolitik, Keynesianer argumentieren nachfrageseitig. Dass stetiges Wirtschaftswachstum auf lange Sicht weder möglich noch wünschenswert ist, verdrängen beide. Inzwischen wissen wir ja, warum. Tatsächlich wuchs die deutsche Wirtschaft zwischen 1971 und 2014 übrigens nicht über eine durchschnittliche Rate von 2,0 Prozent jährlich hinaus.[49] In den letzten 45 Jahren lag das deutsche Wirtschaftswachstum also tendenziell eher unterhalb der Wachstumsrate der Arbeitsproduktivität (siehe Schaubild 2.6), weshalb alle Versuche, Arbeitslosigkeit durch Wachstum beseitigen zu wollen, nicht den gewünschten Erfolg gezeitigt haben.

Schaubild 2.6: Durchschnittliche jährliche Veränderung der Arbeitsproduktivität und des Bruttoinlandsprodukts in Deutschland in Prozent

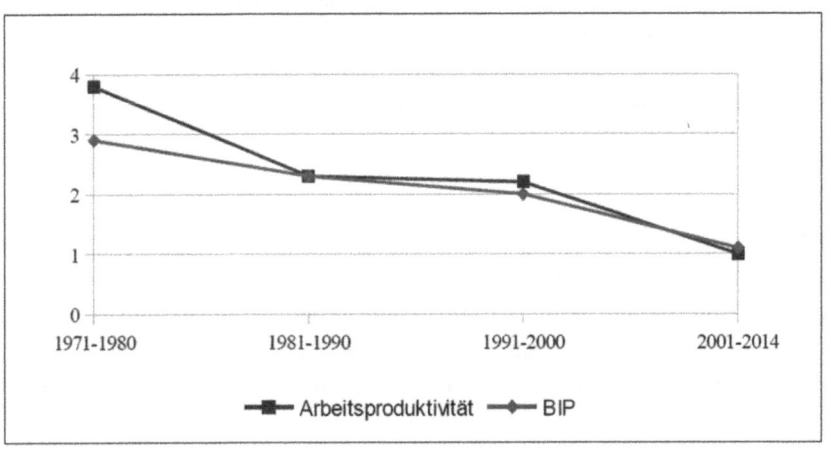

Quelle: Statistisches Bundesamt: Volkswirtschaftliche Gesamtrechnungen, lange Reihen ab 1970, Wiesbaden 2015, S.22 und 51 und eigene Berechnungen. Bis 1991 wurden nur Daten der damaligen Bundesrepublik (Westdeutschland) berücksichtigt.

Wenn das Wachstum nicht reicht, um bei Einsatz arbeitssparender Technik zusätzliche Arbeitsplätze zu schaffen, welche Möglichkeit bleibt dann noch, in einer privatwirtschaftlichen Ökonomie für Vollbeschäftigung zu sorgen? Tatsächlich gibt es noch eine Alternative. Es ist nicht nur eine Alternative, die ökonomisch sinnvoll wäre, sondern zugleich eine solche, die überaus positive Nebenwirkungen in politischer, sozialer, kultureller und psychologischer Hinsicht, ja letztlich eine enorme Steigerung unserer aller

Lebensqualität mit sich brächte. Bedauerlicherweise droht aber genau diese Alternative unter der allgemeinen Wachstumsfixierung sowohl im öffentlichen Diskurs als auch in der wissenschaftlichen Debatte völlig unterzugehen. Gemeint ist die flächendeckende Arbeitszeitverkürzung bei vollem Lohnausgleich oder Lohnbezuschussung.

Wenn die Arbeitsproduktivität steigt, könnte man theoretisch, anstatt bei gleichem Arbeitseinsatz mehr zu produzieren oder Beschäftigte bei gleichbleibendem Produktionsausstoß zu entlassen, dasselbe in *geringerer Arbeitszeit pro Beschäftigten* herstellen. Gesamtwirtschaftlich betrachtet könnte der produktionstechnische Fortschritt uns also allen einen kürzeren Arbeitstag bescheren, und das bei gleichbleibender Produktionsmenge und damit bei gleichbleibendem Gesamtwohlstand der Bevölkerung. Die Technik nähme uns allen im wahrsten und schönsten Sinne des Wortes die Arbeit ab, ohne dass wir dabei ärmer würden. Plötzlich hätten alle mehr Zeit zur Verfügung – für Familie, für Freunde, für Hobbys, für Muße und Tiefgang, für ehrenamtliches Engagement, für politische Bildung, für demokratische Teilhabe oder sonstige Formen einer freien Persönlichkeitsentfaltung; kurzum: für all die Dinge, die heutzutage im allgegenwärtigen Arbeitsstress zu ersticken drohen. Was hindert uns daran, diese Alternative zu nutzen? Und vor allem: Was hindert hochintelligente und hochdekorierte Wirtschaftsprofessoren daran, das verblüffend einfache Instrument der Arbeitszeitverkürzung zu erkennen und aufs Tapet zu bringen?

Das Problem ist wiederum ideologischer Natur. Arbeitszeitverkürzung bei gleichbleibenden Löhnen widerspricht dem Grundziel eines kapitalistischen Wirtschaftssystems, nämlich der stetigen Steigerung der Gewinne. Unter konkurrenzkapitalistischen Produktionsbedingungen nutzen Privatunternehmer steigende Arbeitsproduktivität eben nicht zu philanthropischen Zwecken, sondern profitorientiert. Ein kapitalistischer Unternehmer wird im Falle steigender Arbeitsproduktivität und ausbleibenden Wachstums nur dann die Arbeitszeit reduzieren wollen, wenn diese Kürzung mit einer entsprechenden Kürzung der Löhne einhergeht. Weil sinkende Löhne jedoch den Widerstand der Gewerkschaften provozieren und die Gefahr kostspieliger Streiks heraufbeschwören, ist es aus Unternehmersicht oftmals profitabler, einen Teil der Beschäftigten zu entlassen. Neben den nicht gezahlten Löhnen bleiben dann Aufwand und Kosten bei der Personalorganisation erspart. Außerdem drückt die Existenz einer »industriellen Reservearmee«[50] gesamtwirtschaftlich gesehen das durchschnittliche Lohnniveau – auch das kann man aus Unternehmerperspektive durchaus als Vorteil werten.

Statt alle Menschen gleichmäßig von der Arbeit zu befreien, »befreit« ein schwach wachsender Kapitalismus darum einige völlig und andere gar nicht. In Zahlen ausgedrückt: Statt alle arbeitsfähigen Menschen mit einer angenehmen 25-Stunden-Woche auszustatten, beschäftigt der Kapitalismus eine vom Stress geplagte Mehrheit bis zu 40 Stunden wöchentlich und schickt einen Großteil der Übrigbleibenden in die Arbeitslosigkeit.

Eine flächendeckende Arbeitszeitverkürzung, die Arbeitslosigkeit trotz steigender Arbeitsproduktivität und relativ geringeren Wirtschaftswachstums verhindert und noch dazu die Lebensqualität der Bevölkerungsmehrheit drastisch verbessert, kann insofern nur *gegen* den Willen der kapitalistischen Unternehmer durchgesetzt werden. Dazu bedarf es einer entsprechenden staatlichen Gesetzgebung und/oder gewerkschaftlichen Einflussnahme. Eine solche müsste die maximal erlaubten Wochenarbeitsstunden massiv reduzieren, zugleich aber mittels Umverteilung ausreichende Einkommen für alle Beschäftigten garantieren. Für solch umfassende Eingriffe in die Einkommensverteilung scheint es derzeit politisch keinerlei Lobby zu geben. Der Zeitgeist weht bekanntlich seit über 30 Jahren in eine andere Richtung, nämlich genau in die umgekehrte. Während die durchschnittlichen Arbeitszeiten in den vergangenen Jahrzehnten europaweit nur ganz leicht gesunken sind, was im Angesicht der gestiegenen Arbeitsproduktivität noch viel zu wenig ist (siehe Schaubild 2.7), stieg der Anteil der Gewinne am Sozialprodukt auf Kosten der Löhne (siehe Schaubild 2.8). Weil die Spitzenverdiener in zahlreichen Ländern steuerlich entlastet wurden, schenkten die betreffenden Staaten bedeutende Spielräume zur Umverteilung von Einkommen her (siehe Schaubild 2.9).[51]

Schaubild 2.7: Durchschnittliche jährliche Veränderung von Arbeitszeit und Arbeitsproduktivität in den G7-Staaten in Prozent

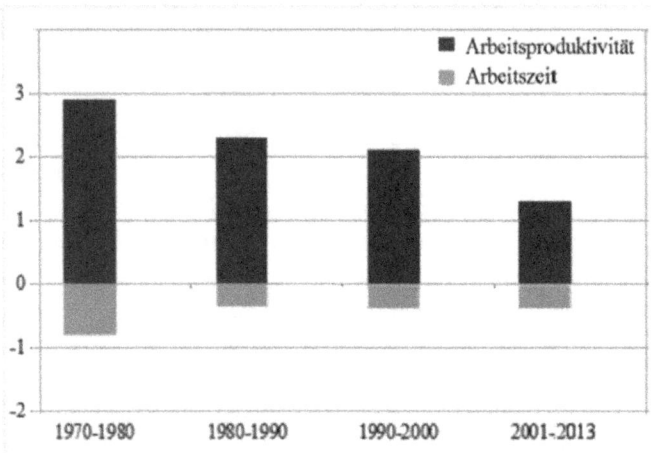

Quelle: Statistische Datenbank der OECD (http://stats.oecd.org) und eigene Berechnungen. Angaben zur Arbeitszeit beziehen sich auf die duchschnittlich geleisteten Arbeitsstunden abhängig Beschäftigter, Angaben zur Produktivität auf das BIP je Erwerbtätigenstunde.

Schaubild 2.8: Lohnquote in Prozent zwischen 1970 und 2012

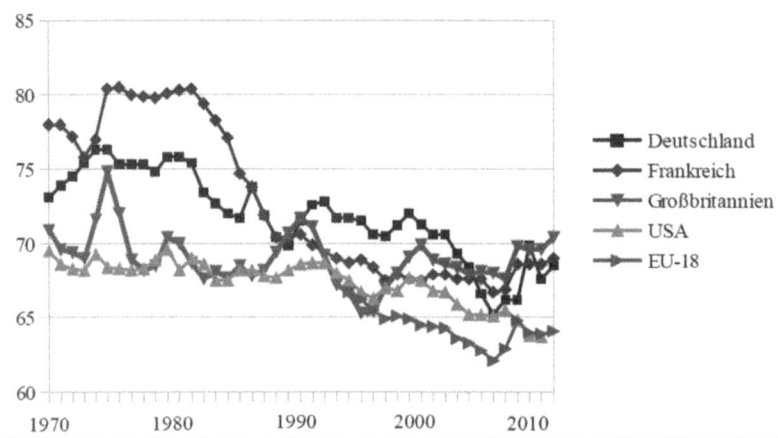

Quelle: Statistische Datenbank der OECD (http://stats.oecd.org) und eigene Berechnungen

Wie kam es zu dieser Entwicklung? Unumstritten waren es politische Protagonisten wie Reagan und Thatcher, die für eine wirkmächtige Durchsetzung konservativ-liberaler Wirtschaftspolitiken gesorgt haben. Unumstritten dürfte aber auch der Einfluss der Ökonomen sein, namentlich der »Chicago-Boys« um Milton Friedman, die sich mit ihrer Forderung nach möglichst geringen Staatsinterventionen immer mehr Gehör verschaffen konnten, nachdem der auf staatliche Umverteilung basierende Keynesianismus Anfang der 1970er-Jahre in eine Krise geraten war (Stichwort: Stagflation). Das ideologische Umfeld in Politik und Wirtschaftswissenschaft hat sich also gewandelt, was sich im Übrigen nicht nur in ökonomischen Realitäten, sondern ebenso an beharrlich wiederholten medialen Schlagworten wie »Globalisierung«, »Mäßigung«, »Standortpolitik« und »Konkurrenzfähigkeit« bemerkbar macht. Eine zufriedenstellende Reduzierung oder gar Beseitigung der Arbeitslosigkeit wurde bei alledem freilich nicht erreicht. Allein das sollte uns doch zu denken geben.

Schaubild 2.9: Spitzensteuersatz für Einkommen in Prozent

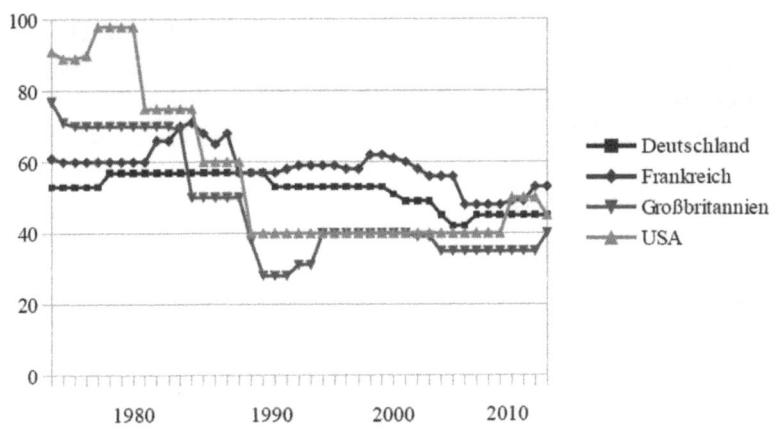

Quelle: Piketty, Thomas: Das Kapital im 21. Jahrhundert, München 2014, S. 670

Fassen wir zusammen: Eine wissenschaftlich nüchterne Betrachtungsweise erlaubt zwei unorthodoxe Lösungen des Problems Arbeitslosigkeit: Gemeinschaftseigentum an Produktionsmitteln oder Arbeitszeitverkürzung. Die erste Lösung (Kollektiveigentum) ist nicht systemkonform. Die zweite Lösung (Arbeitszeitverkürzung) ließe sich zwar auch ohne Kollektivierung der Produktionsmittel realisieren, widerspricht aber, sofern sie bei gleichbleibenden Löhnen erfolgen soll, fundamental den Gewinninteressen der besitzenden Minderheit, deren Einfluss auf Politik und Wissenschaft offenkundig ist. Auf der anderen Seite kann man den gängigen Lösungsweg, Vollbeschäftigung über höheres Wirtschaftswachstum erreichen zu wollen, bei klarem Verstand nur als verfehlt bezeichnen. So ergibt sich eine absurde Situation: Zwei von drei Lösungswegen sind potenziell zielführend, aber politisch zurzeit nicht durchsetzbar. Der dritte Lösungsweg ist politisch erwünscht, aber ökonomisch und ökologisch widersinnig. Wer einen vierten Weg kennt, möge ihn nennen. Ansonsten bliebe es bei der unbequemen Erkenntnis, dass Vollbeschäftigung ohne eine Änderung der gesellschaftlichen Machtverhältnisse nicht zu realisieren ist.

»Wir müssen die Schulden abbauen«

Wenden wir uns zum Schluss dem aktuellsten Problemfall zu. Der unvorhergesehene Eintritt der seit 2008 andauernden Schuldenkrise hätte den Wirtschaftswissenschaftlern eigentlich einen schönen Anlass bieten können, ihre Denk- und Arbeitsweise grundlegend zu hinterfragen. Das ist leider nicht geschehen. Auch die Schuldenkrise vermochte den engen, systemkonformen Blick der Ökonomen nicht zu weiten – mit fatalen Folgen für die Menschen.

Die Schuldenkrise hat einige Staaten an den Rand des Staatsbankrotts gebracht. Um dessen Eintritt zu vermeiden, haben sich die betroffenen Volkswirtschaften unter Druck von EU, IWF und EZB einen strikten Sparkurs auferlegt. Leidtragende sind vor allem die einfachen Bürger. Sie müssen kürzer treten, damit die Kredite der Gläubiger weiter bedient werden können. Leidtragende sind aber auch die Unternehmer, deren Produktion und Absatz vielerorts rückläufig sind. In Griechenland sank das Bruttoinlandsprodukt zwischen 2009 und 2013 um Raten zwischen 3,9 und 8,9 Prozent jährlich.[52] In der Folge stieg die Arbeitslosenquote von 9,6 auf 27,5 Prozent an.[53] Erst 2014 konnte mit 0,8 Prozent wieder ein bescheidener Produktionszuwachs erzielt werden, die Arbeitslosigkeit liegt mit 26,5 Prozent nach wie vor sehr hoch. Auch Spaniens Wirtschaft weist seit 2009 im Durchschnitt negative Wachstumsraten und steigende Arbeitslosenzahlen aus. Gleiches gilt für Portugal und Italien. Für kapitalistische Systeme, die zu ihrer Stabilität, wie gezeigt, Wachstum dringend benötigen, sind das sehr alarmierende Zahlen.

Ob und wie die betroffenen Volkswirtschaften in Anbetracht solcher Aussichten ihre Zahlungsfähigkeit dauerhaft zurückgewinnen können, scheint rätselhaft. Offensichtlich wirkt die Spartherapie nicht richtig. Unter Inkaufnahme schlimmer Nebenwirkungen (Arbeitslosigkeit und Armut) lindert sie zwar erste Symptome (fällige Kredite können weiterhin bedient werden), packt die Probleme ihrer Patienten aber nicht bei der Wurzel. Die Krankheit wird wie im Falle Griechenlands jahrelang verschleppt, nicht endgültig geheilt.

Wenn die Therapie an der Krankheit vorbeizielt, ist womöglich die Diagnose falsch. Wie lautet diese Diagnose? Gemäß der vorherrschenden Einschätzungen liegt die Ursache der Staatsverschuldung in einer schlechten Haushaltpolitik: Die Regierungen geben mehr Geld aus, als sie einnehmen.[54] Das mag so nicht ganz falsch sein, kratzt aber doch nur an der Oberfläche des Problems. Zu Fragen wäre, *warum* denn so viele Regierungen so viel mehr ausgeben, als sie einnehmen. Dass der Eskalation der europäischen und US-amerikanischen Staatsschulden eine Immobilienspekulation mitsamt anschließender Bankenkrise vorausging, scheint ja inzwischen schon dem kollektiven Vergessen anheimgefallen zu sein.[55] Selbst die Immobilien- und Bankenkrise liefert aber für sich genommen noch keine hinreichende Erklärung für die Schuldenkrise. Sie bedarf ihrerseits ebenfalls einer ursächlichen Erklärung.

Das vorliegende Buch kann und will diesbezüglich keine allumfassenden Analysen leisten. Gleichwohl kann es fernab aller Details einige grundsätzliche Überlegungen zum Wesen der aktuellen Schuldenkrise beisteuern. Wie auch immer die Krise sich im Einzelnen entwickelt haben mag, ist nämlich eine Sache sehr auffällig: Die Verschuldung der betroffenen Volkswirtschaften verläuft überall nach ähnlichen Mustern. In den meisten Ländern steigt sie anfangs eher langsam, um dann in Richtung Bankenkrise stärker zu beschleunigen (siehe Schaubilder 2.10 a–c). Das Muster erinnert in manchen Fällen an die oben bereits diskutierte Exponentialfunktion.[56] In anderen Ländern steigt die Verschuldung zwar nicht exponentiell, aber immerhin *steigt* sie, Jahrzehnt für Jahrzehnt. Eine im Zeitablauf sinkende Verschuldung finden wir fast nirgends. Wären solche Kurvenverläufe nun tatsächlich auf mangelnde Haushaltsdisziplin einzelner Regierungspolitiker zurückzuführen, dann wäre es doch wirklich ein unglaublicher Zufall, wenn all diese Politiker *in allen Ländern zur gleichen Zeit die gleichen Fehler* gemacht hätten – und zwar *gleich welcher politischen Partei* sie angehörten. Wenn in verschiedenen Staaten zur gleichen Zeit die gleichen Dinge passieren, dann deutet das doch vielmehr auf *systemische* Ursachen hin. Es muss also irgendeinen gemeinsamen, tieferen Grund geben, weshalb die Schulden verschiedener Volkswirtschaften im Zeitablauf »automatisch« wachsen.

Schaubild 2.10 a: Öffentliche und private Schulden im prozentualen Verhältnis zum BIP in reichen europäischen Volkswirtschaften

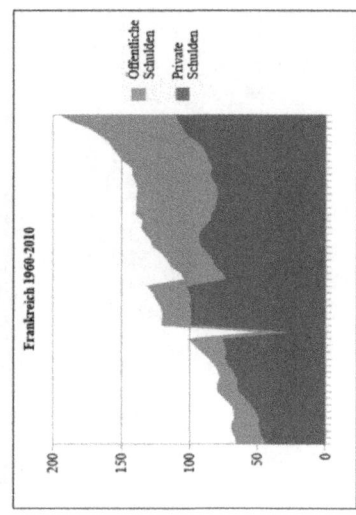

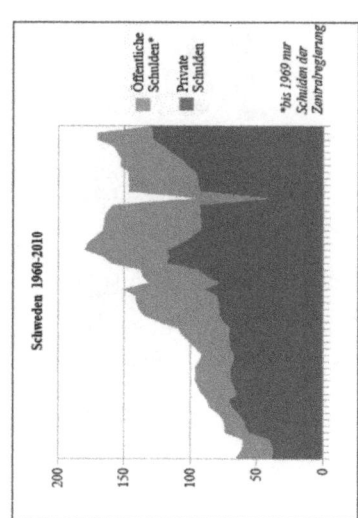

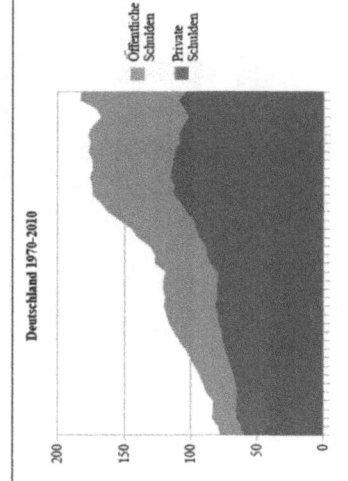

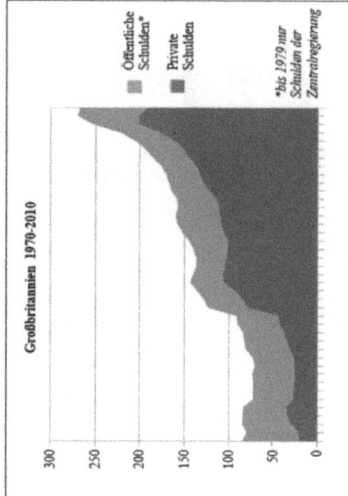

Quelle: Reinhart/Rogoff: Dieses Mal ist alles anders. Acht Jahrhunderte Finanzkrise, München 2013, statistischer Anhang (online unter: http://www.carmenreinhart.com/data/browse-by-topic/topics/9) für den öffentlichen Sektor, statistische Datenbank der Weltbank (http://www.data.worldbank.org) für den privaten Sektor (basierend auf Angaben zu inländischen Krediten an Private), eigene Berechnungen.

Schaubild 2.10 b: Öffentliche und private Schulden im prozentualen Verhältnis zum BIP in europäischen Volkswirtschaften mit akuter Staatsschuldenkrise

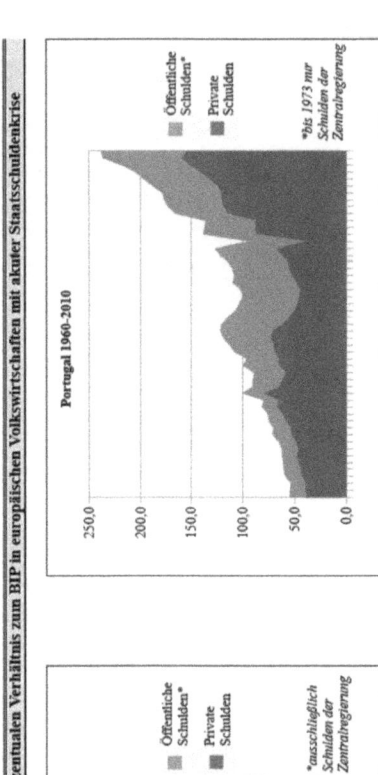

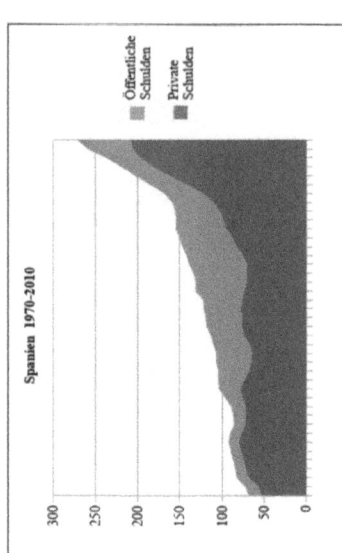

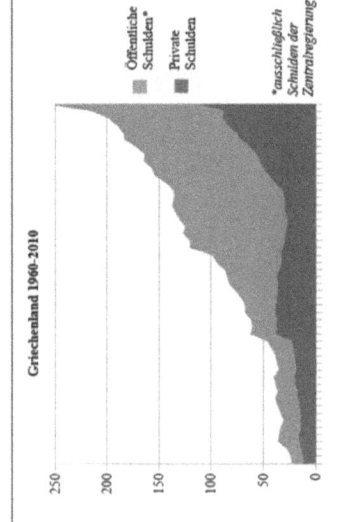

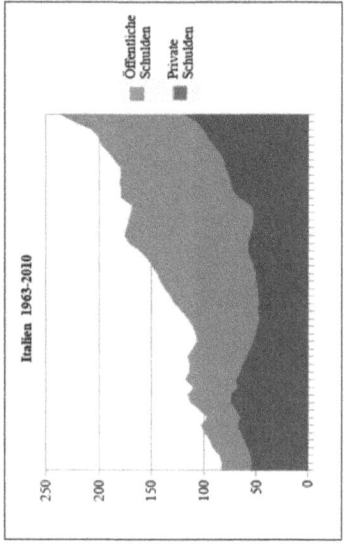

Quelle: Reinhart/Rogoff. Dieses Mal ist alles anders. Acht Jahrhunderte Finanzkrise, München 2013, statistischer Anhang (online unter: http://www.carmenreinhart.com/data/browse-by-topic/topics/9) für den öffentlichen Sektor, statistische Datenbank der Weltbank (http://www.data worldbank org) für den privaten Sektor (basierend auf Angaben zu inländischen Krediten an Private), eigene Berechnungen.

Schaubild 2.10 c: Öffentliche und private Schulden im prozentualen Verhältnis zum BIP in Industrienationen außerhalb Europas

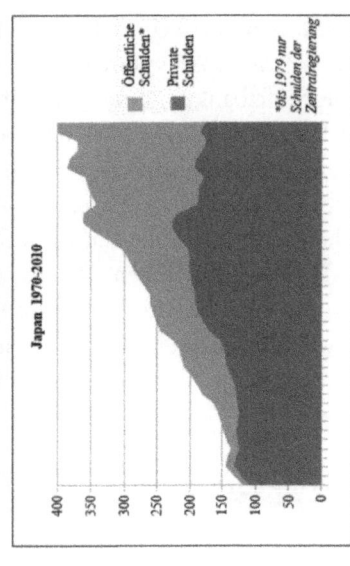

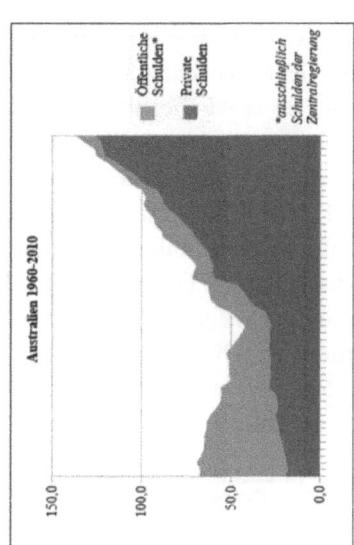

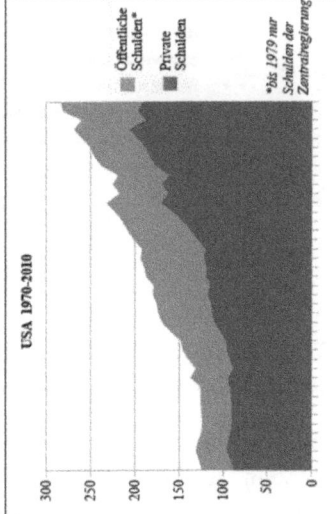

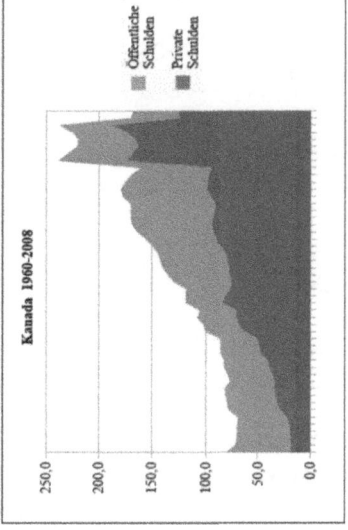

Quelle: Reinhart/Rogoff: Dieses Mal ist alles anders. Acht Jahrhunderte Finanzkrise, München 2013, statistischer Anhang (online unter: http://www.carmenreinhart.com/data/browse-by-topic/topics/9) für den öffentlichen Sektor, statistische Datenbank der Weltbank (http://www.data.worldbank.org) für den privaten Sektor (basierend auf Angaben zu inländischen Krediten an Private), eigene Berechnungen.

Der tiefere Grund erschließt sich sehr schnell, wenn man einmal verstanden hat, dass Geld meistens schon als Schuld auf die Welt kommt.[57] Zentralbanken leihen es wie bereits gezeigt an Geschäftsbanken, und diese leihen es, vermehrt um das von ihnen selbst geschaffene Giralgeld,[58] an das Publikum.[59] Folglich muss all dieses Geld, das zwischen Haushalten, Unternehmen und Staat zirkuliert, irgendwann wieder zurückgezahlt werden. Die Summe der in einer Volkswirtschaft angehäuften Schulden wächst insofern automatisch an, sobald die Banken die Geldmenge erhöhen. Wächst die Geldmenge schneller als das BIP, wachsen die Schulden nicht nur absolut, sondern auch in Relation zur realen Wirtschaftsleistung. Wie die Daten aus den Schaubildern 2.10 und 2.11 verraten, ist genau das in sehr vielen Ländern der Fall.

Schaubild 2.11: Durchschnittliches Wachstum von BIP und Geldmengen in Prozent

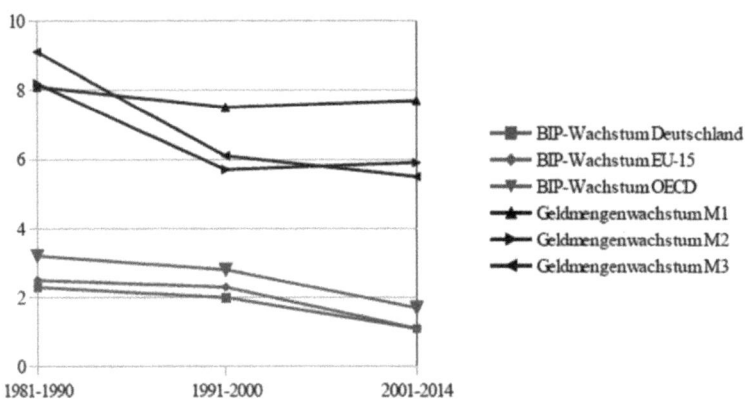

Quellen: Statistische Datenbanken der EZB (http://sdw.ecb.europa.eu/), der OECD (http://stats.oecd.org) sowie der Weltbank (http://databank.worldbank.org) und eigene Berechnungen.

Die Krankheit namens Staatsverschuldung wurzelt demnach, so meine Schlussfolgerung, zuallererst in unserem System der Geldschöpfung, das heißt in der Art und Weise, wie Geld geschaffen und in Umlauf gebracht wird. Weil Geld meist als Schuld auf die Welt kommt, ist eine gesamtwirtschaftliche Schuldentilgung per Definition ein Ding der Unmöglichkeit. Würden Haushalte und Unternehmen ebenso wie die Staaten all ihre Kredite zurückzahlen, schrumpfte die umlaufende Geldmenge in sich zusammen. Tauschgeschäfte wären auf die übliche Weise nicht mehr durchführbar, weil das übliche Tauschmittel quasi verschwunden wäre. Es gäbe auch keine (Geld)Vermögenden mehr, denn sämtliche Geldvermögen verkörpern ja nach dem hier Gesagten ebenfalls Schulden. Die Geldbeträge, die wohlhabende Personen auf ihren Konten führen, wurden ursprünglich von den Banken geschaffen und müssen irgendwann wieder zu ihnen zurück. Wenn jemand ein positives Kontoguthaben sein Eigen nennen darf, geht das nur, weil andere die entsprechende Summe zuvor bei den Banken ausgeliehen und direkt oder über Umwege an den Vermögenden weitergegeben haben. Jene Kreditnehmer sitzen dann aber auf offenen Schulden, die sie erst dann zurückzahlen können, wenn die Vermögenden ihre Guthaben wieder verlieren. Solange das nicht geschieht, müssen die Schuldner neue Kredite aufnehmen, um die alten Schulden zu bedienen. Wird die reiche Oberschicht immer reicher, dann *müssen* alle anderen zwangsläufig immer höhere Schulden anhäufen. Geldguthaben und Geldschulden summieren sich in unserem Geldsystem nahezu immer auf null.[60]

Im Rahmen eines solchen Nullsummenspiels kann auch die Staatsverschuldung nicht sinnvoll abgebaut werden. Würde der Staat seine Schulden tilgen, müssten die Guthaben anderer dementsprechend schmelzen. Wollten hingegen Private ihre Schulden abbauen, müssten die öffentlichen Haushalte stärker belastet werden. So treibt unser Geldsystem die Akteure gegeneinander: Der eine kann seine Schulden nur dann tilgen, wenn der andere umso tiefer in die Tasche greift. Die einen können nur dann gewinnen, wenn die anderen verlieren. Wie unqualifiziert klingt vor diesem Hintergrund die Rede vom undiszipliniert haushaltenden Staat, der angeblich über seine Verhältnisse lebt. Als derjenige Akteur, der im Gegensatz zu Unternehmen und Haushalten am wenigsten darauf bedacht ist, Geldvermögen anzuhäufen, scheint es nur logisch, dass er im Nullsummenspiel um die Verteilung der Schulden den Kürzeren zieht. Der Staat verfolgt schließlich ganz andere Aufgaben und Prioritäten als ein profitmaximierendes Unternehmen oder ein privater Haushalt. Viel treffender wäre die folgende Formulierung: Die Geldvermögen der Reichen wachsen auf dem Rücken der Staatsschuld.

Für eine genauere Beschreibung des Krankheitsbildes Staatsverschuldung müsste nun noch geklärt werden, durch welchen Mechanismus Geldmenge und Schulden denn tatsächlich immer weiter in die Höhe und schließlich über das BIP hinaus getrieben werden. Weil diesem Zusammenhang besondere Aufmerksamkeit gebührt, sei ihm im Anschluss ein eigenes Kapitel gewidmet.[61] An dieser Stelle der Untersuchung genügt die Feststellung, dass entgegen der kollektiven Alltagsüberzeugung und entgegen der Forderungen führender Wirtschaftsexperten Schulden in ihrer Gesamtheit nicht zurückgezahlt werden können. Insofern stellt sich nicht nur die Frage, ob die europaweite Sparpolitik ein zielführendes Mittel zur Beseitigung der Schuldenkrise darstellt. Es stellt sich auch die grundlegende Frage, ob den Schuldnern in unserer Volkswirtschaft überhaupt eine moralische Verpflichtung zur Schuldentilgung zukommt. Wenn unser Geldsystem das Publikum von Beginn an in die Verschuldung *zwingt*, welchen individuellen Anteil an der Verantwortung tragen dann auf der anderen Seite Haushalte, Unternehmen und Staaten? Offensichtlich entscheidet das Handeln einzelner Haushalte, Unternehmen und Staaten bloß über die Verteilung des allen gemeinsam durch das Geldschöpfungssystem aufgebürdeten Schuldenbergs untereinander, es ändert aber nichts an dem Fakt, dass sie als Publikum zwangsläufig immer in der Kreide stehen, weil das zwischen ihnen kursierende Geld ja ursprünglich von den Banken geschaffen wurde und von dort aus eben größtenteils *in Form von Krediten* zu ihnen gelangte.

In der Tagespolitik und im akademischen Betrieb spielen solche Fragen bedauerlicherweise nicht die geringste Rolle. Jenseits von angeblichen Sparzwängen und der Hoffnung auf Wachstum scheint es für die gegenwärtige Schuldenkrise kein Rezept zu geben. Mögliche alternative Therapieformen, zum Beispiel eine radikale Neuordnung unseres Geldschöpfungs- und Bankensystems, hat bislang noch kein etablierter Ökonom verschrieben. Dabei dürfte es einem hochintelligenten und mit allen Fähigkeiten ausgestatteten Wissenschaftler doch eigentlich nicht schwerfallen, die Notwendigkeit einer *grundlegenden* – und das heißt eben auch systemkritischen – Betrachtung der Schuldenfrage anzuerkennen. Die oben beschriebenen Mechanismen sind ja nun keine höhere Mathematik, und sie sind für jedermann nachvollziehbar, der sie unter die Lupe nimmt. Offenbar werden sie aber eben nicht unter die Lupe genommen.

Selbst ein so untypischer Ökonom wie Thomas Piketty hat die geldsystem-immanenten Ursachen der Verschuldungsproblematik noch nicht auf dem Schirm. Zwar weiß auch Piketty, dass »die Zentralbanken nur das eine tun: Sie vergeben Kredite.«[62] Es will ihm aber nicht gelingen, hieraus den logischen Schluss zu ziehen, dass steigende Geldvermögen Einzelner meist nur durch steigende Schulden anderer möglich sind. Dass Europa als »Kontinent mit dem größten Privatvermögen [die] größten Schwierigkeiten [hat], seine Staatsschuldenkrise zu bewältigen«, bezeichnet er vielsagend als »merkwürdiges Paradox.«[63] Zur Beendigung der Schuldenkrise kommen ihm darum nicht mehr als drei grundsätzliche Methoden in den Sinn: Sparmaßnahmen, Inflation und außerordentliche Kapitalsteuern (eine einmalige Zwangsabgabe Vermögender).[64] Dabei bevorzugt er klar die letzte Methode. Sein Vorschlag, die Staatsschulden durch eine einmalige Kapitalsteuer abzubauen, hebt sich durchaus angenehm vom politischen und journalistischen Mainstream ab. Tatsächlich wäre diese Maßnahme zielführend und befreite darüber hinaus die Bevölkerung von der verhängnisvollen Sparpolitik der vergangenen Jahre. Gleichwohl bliebe sie Symptombekämpfung, weil sie nicht an die Wurzel des Problems heranreichte. Sofern das Geldschöpfungssystem als solches unangetastet bliebe, wäre es nur eine Frage der Zeit, bis die Schulden- und Vermögensstände erneut auf ein kritisches Niveau herangewachsen wären.

Ein Heiner Flassbeck indes, ebenfalls außergewöhnlich klarsichtig und populär, betont zwar als einer der wenigen renommierten Ökonomen fortwährend, dass Geldschulden und Geldvermögen zwei Seiten derselben Medaille sind. Statt daraus aber den naheliegenden Schluss zu ziehen, unser Geldsystem von Grund auf zu reformieren, fordert er als standhafter Keynesianer nachfrageseitige Maßnahmen zur Ankurbelung des Wirtschaftswachstums.[65]

Offenkundig scheinen auch im Bereich des Geld- und Bankensystems unausgesprochene politisch-ideologische Hemmnisse zu bestehen, die selbst die besten unserer akademischen Ökonomen daran hindern, eine fundamentalere Sicht der Dinge anzunehmen – so als forschten sie in einem geschlossenen Raum, hinter dessen Grenzen sie nicht hinauszuschauen wagen. Sozialpsychologisch betrachtet mag man ihnen ihren Hang zum Konformismus nicht verübeln. Eine grundlegende Veränderung des Geld- und Bankensystems beträfe schließlich niemand Geringeren als die mächtigsten Institutionen der Weltwirtschaft und der Weltpolitik schlechthin. Einem abseitigen Ökonomen, der außerhalb des akademischen Betriebes steht und keinerlei leitende Position innehat, der insofern nichts zu verlieren hat und auch keine Karriere anstrebt, fällt das nonkonforme Denken und Forschen gewiss um einiges leichter. Andererseits, und diesem Vorwurf müssen sich die etablierten Ökonomen stellen, widerspricht es eben doch dem Ethos der Wissenschaft, sich der Faktizität der herrschenden Verhältnisse derart anzupassen, dass die Wahrheitsfindung darunter leidet.[66]

Fazit: Wirtschaftswissenschaft als Herrschaftsmythos

Führende Ökonomen verkennen Wachstumsgrenzen, weil der Kapitalismus zu seinem stabilen Fortbestand Wachstum erfordert. Sie tragen kaum zur Bekämpfung von Arbeitslosigkeit bei, weil sie unorthodoxe, aber potenziell zielführende Maßnahmen außer Acht lassen. Sie versagen im Angesicht der Schuldenkrise, weil sie unser Geld- und Finanzsystem nicht radikal infrage stellen. Ob bewusst oder nicht, ob sie wollen oder nicht: Durch das Ausblenden unbequemer Wahrheiten dienen sie der Bewahrung herrschender Verhältnisse und stützen die sozialökonomischen Eliten. Damit produzieren sie Rechtfertigungsideologie, was man, je nach politischem Standpunkt, begrüßen oder bedauern mag. Vom Standpunkt der wissenschaftlichen Redlichkeit betrachtet kann man es aber nur verurteilen. Denn solange unsere akademischen Wirtschaftsexperten ihre ideologischen Scheuklappen nicht abzulegen vermögen, werden sie die ökonomischen Krisenerscheinungen unserer Zeit weder richtig deuten noch wirksam bekämpfen können.

3) Und es interessiert doch:
Das übergangene Zinsproblem

Methodische Defizite (Kapitel 1) und ideologische Schranken (Kapitel 2) bilden die beiden wesentlichen Erklärungsgründe für das augenfällige Nichtkönnen der etablierten Ökonomen. Dieses Nichtkönnen zeigt sich zuweilen darin, dass ganze Bereiche der sozialökonomischen Wirklichkeit übergangen werden. In besonders verhängnisvoller Weise gilt das für den Mechanismus von Zins und Zinseszins. Dessen Missachtung stellt nach meiner heutigen Einschätzung den Gipfel des akademischen Versagens dar, weshalb ihm hier ein eigenes Kapitel gewidmet ist.

Im Frühjahr 2012 besuchte ich einen Vortragsabend meiner Hausbank zum Thema Anlageberatung. Gegenstand der Präsentationen waren Zukunfts-einschätzungen und Produktempfehlungen. Meine Bank hatte hierfür ei-gens ihren Chefökonomen eingeladen. Mit der Akribie eines mathematisch versierten Wissenschaftlers analysierte er Wachstumsraten, Wechselkurse und Börsencharts. All das interessierte mich aber eigentlich nur am Ran-de. Mein Hauptaugenmerk galt dem anschließenden Umtrunk, der laut Veranstaltern Gelegenheit bieten würde, in einen persönlichen Austausch mit den Experten zu treten. So wartete ich geduldig, bis endlich der Sekt gereicht wurde. Als es so weit war, versuchte ich, in der Menge den besag-ten Chefökonomen ausfindig zu machen. Schon länger trieb mich nämlich eine Frage um, deren Beantwortung ich mir am ehesten durch einen füh-renden Bankexperten erhoffte: Es ging um die Frage, woher eigentlich der Zins kommen soll, den die Banken als Leihgebühr für ausgeliehenes Geld verlangen.

Sie erinnern sich bestimmt noch an das Schema aus dem vorigen Kapitel, das zeigte, wie Geld in unserem zweistufigen Banksystem in Umlauf kommt. Demnach verleihen Zentralbanken in der Regel Geld an Geschäftsbanken und diese schöpfen davon ausgehend Kredite für das Publikum.[67] Bislang hatten wir kritisiert, dass Geld in diesem System fast immer Schuldgeld darstellt. Das ist aber noch nicht alles. Denn die Banken verlangen über die verliehene Summe hinaus ja noch den Zins. Damit verlangen sie mehr Geld aus dem Publikum zurück (Kreditsumme + Zins), als sie ins Publikum hineingegeben haben (nur die Kreditsumme, siehe Schaubild 3.1). Insofern stellt sich die berechtigte Frage: Wovon soll das Publikum den Zins bezahlen?

Schaubild 3.1: Der fehlende Zinsbetrag – ein vereinfachendes Beispiel

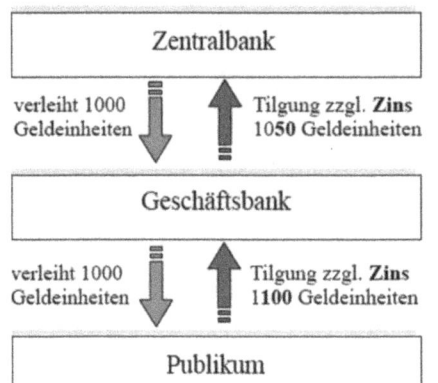

Durch die Zinsforderung verlangen die Banken mehr Geld zurück (z.B. 1100 Einheiten), als sie ausgegeben haben (z.B. 1000 Einheiten). Weil niemand außer den Banken Geld herstellen kann, können Haushalte, Unternehmen und Staaten diesen Betrag unmöglich ohne eine erneute Verschuldung bei den Banken aufbringen. Eine erneute Verschuldung bringt aber erneute Zinsforderungen mit sich, sodass durch Zins und Zinseszins eine fortwährende Verschuldungsspirale in Gang gesetzt werden kann.

Quelle: eigene Grafik

Der Chefökonom ahnte nicht, worauf ich hinauswollte, als ich ihn endlich finden und in ein Gespräch über Geldschöpfung verwickeln konnte. Anfangs mimte ich den unwissenden Schüler und ließ den Experten erklären: »Wenn wir eine Million Euro Kredit von der Zentralbank erhalten, können wir daraus ohne Probleme Kredite in Höhe von zehn Millionen Euro für Unternehmen machen.« Mein anerkennend-staunendes Nicken verriet nicht, was mir insgeheim durch den Kopf ging: »Multiple Giralgeldschöpfung … kenne ich …« Dann tastete ich mich an mein eigentliches Anliegen heran: »Sie sagten gerade, Sie würden von der Zentralbank Kredite erhalten und dann Kredite in die Realwirtschaft geben. Wenn das so ist, dann ist doch eigentlich alles umlaufende Geld *geliehenes* Geld, oder etwa nicht?« Etwas irritiert schaute mich der Ökonom an. Zögerlich bestätigte er: »Ja, das könnte man vielleicht so sagen.« Ich fuhr fort: »Da gibt es nun eine Sache, die ich nicht verstehe: Wenn Sie zusätzlich zu den verliehenen Krediten einen Zins einfordern, wie sollen die Unternehmer in ihrer Gesamtheit diesen Zins bezahlen können? Sie haben ja nur Geld in Höhe des Kredits geschaffen, nicht in Höhe der Summe, die für die Rückzahlung des verlangten Zinses zusätzlich benötigt wird.« Noch immer nichtsahnend, antwortete der Experte meinen Erwartungen entsprechend: »Die Unternehmer können wachsen, mehr produzieren. Von dem Wachstum können sie schließlich die Zinsen zurückzahlen.« Das überzeugte mich nicht: »Naja, aber nehmen wir an, ein Autokonzern würde wachsen und mehr Autos produzieren. Dann könnte er mit diesen Autos doch keine Zinsen zahlen. Was Sie als Bank haben möchten, ist doch *Geld*, und nicht etwa ein stoffliches Produkt wie ein Auto.« Leicht ungeduldig ob meiner scheinbaren Naivität erwiderte mein Gegenüber: »Das ist klar, aber der Konzern wird die Autos verkaufen, einen Gewinn machen und dann von dem Gewinn die Zinsen bezahlen.« – »Von wem haben die Kunden denn das Geld, um die Autos zu kaufen?«, wollte ich wissen. »Oh, das kann alles Mögliche sein. Die haben es vielleicht von ihrem Arbeitgeber«, mutmaßte der Ökonom. – »Einverstanden. Aber woher hat dann der Arbeitgeber das Geld? Und woher hat derjenige das Geld, der es dem Arbeitgeber gab?« Jetzt merkte der Fachmann, dass ich etwas im Schilde führte. Noch bevor er einlenken konnte, strickte ich das Gedankenexperiment zu Ende: »Schauen Sie, niemand in der Realwirtschaft stellt Geld her. Der Arbeitgeber nicht, der Arbeitnehmer nicht, der Kunde nicht, der Staat nicht, der Unternehmer nicht, der Haushalt nicht. Stellen wir uns eine ‚Stunde null‘ vor, in der noch niemand Geld besitzt. Um *ursprünglich* an Geld zu gelangen, muss irgendein Akteur aus dem Publikum bei einer Bank einen *Kredit* aufnehmen. Weil der Kreditbetrag alleine aber nicht ausreicht, um auch die Zinsen zu zahlen, kann derjenige seinen Zins offensichtlich nicht bezahlen. Er kann ihn auch nicht aus Zahlungen Dritter finanzieren, weil andere ja ebenfalls noch kein Geld haben. Zahlungen Dritter werden erst möglich, sobald irgendein anderer seinerseits Geld bei einer Bank leiht, sodass zusätzliches Geld in Umlauf kommt. Derjenige muss dann aber ebenfalls seinen Kreditbetrag *plus Zins* entrichten, weshalb sich erneut jemand bei einer Bank verschulden muss. Die Sache nimmt kein Ende: Der fehlende Zinsbetrag kann niemals gezahlt werden, stattdessen muss sich das Publikum laufend neu verschulden.« Der Bankexperte überlegte eine Weile. Dann bat er um meine EMail-Adresse und bemerkte: »Das ist in der Tat ein interessantes Rätsel. Ich bin mir nicht mehr sicher, ob das, was ich vorhin gesagt habe, die richtige Antwort war. Lassen Sie mich darüber noch einmal nachdenken, und wenn es mir einfällt, dann schreibe ich Ihnen.« Dankbar und zufrieden verabschiedete ich mich.

Inzwischen sind fast vier Jahre vergangen. Seither habe ich von dem Fachmann nichts mehr gehört. Hat er des Rätsels Lösung vielleicht noch nicht gefunden? Musste er feststellen, dass es keine Lösung gibt? Oder hat er einfach nur meine EMail-Adresse verloren? Ich weiß es nicht. Weil ich mit seiner Antwort aber nicht mehr rechnen kann, möchte ich das Zinsrätsel gerne an die Fachwelt weitergeben: Wer kann mir sagen, woher der Zins kommen soll, den das Publikum an die Bankenwelt entrichten muss? Sollte niemand diese Frage schlüssig beantworten können, müssen wir annehmen, dass unser Zinsgeldsystem einem Schneeballsystem[68] gleicht: Um Schulden plus Zins tilgen zu können, müssen neue Schulden aufgenommen werden. Je mehr Schulden vorhanden sind, umso mehr neue Schulden müssen gemacht werden, um die bisherigen Schulden zu bedienen. Irgendwann wird man aber keine Akteure mehr finden, die bereit oder in der Lage sind, noch höhere Schulden aufzunehmen. Dann kollabiert das System: Die Schuldner werden zahlungsunfähig und es kommt zu Schuldenschnitten, Staatsbankrotten, Währungsreformen und Ähnlichem.

Vorab sei erwähnt, dass ein sehr häufiger Einwand gegen das Zinsrätsel nicht schlüssig ist und insofern nicht gilt. Gemeint ist der Einwand, wonach Zinsüberschüsse der Zentralbanken an den Staat transferiert würden und somit alles Geld im Kreislauf bleibe. Es stimmt, dass die Zentralbanken Zinsüberschüsse an den Staat transferieren. Es stimmt auch, dass bestehende Zinsströme damit im Kreislauf bleiben. Der Einwand löst aber nicht das Problem, woher das zusätzliche Geld stammen soll, das für eine erste/neue Zinszahlung erforderlich ist. Machen wir uns das an einem Zahlenbeispiel klar: Angenommen, eine Zentralbank verleiht 1.000 Geldeinheiten an die

Geschäftsbanken und diese verleihen das Geld ans Publikum. Nehmen wir der Einfachheit halber einen Zinssatz von 10 Prozent an, die Zentralbank verlangt also 1.100 Geldeinheiten zurück. Maximal kann die Zentralbank in dieser Situation 1.000 Geldeinheiten zurückgewinnen und nicht mehr, denn sie hat ja nur 1.000 Geldeinheiten geschaffen. Nehmen wir indessen an, es seien bereits vor der Kreditvergabe 500 Geldeinheiten in Umlauf gewesen. Dann könnten zwar die vollen 1.100 Geldeinheiten an die Zentralbank zurückgezahlt werden und die Zentralbank könnte ihren Zinsgewinn in Höhe von 100 Geldeinheiten tatsächlich an den Staat transferieren, so dass am Ende die 100 Geldeinheiten wieder beim Publikum landeten. Entscheidend ist hierbei aber, dass diese 100 Geldeinheiten aus dem Bestand von 500 Geldeinheiten genommen wurden, die bereits vor der Kreditvergabe von 1.000 Geldeinheiten in Umlauf waren. Berücksichtigen wir nun noch den Umstand, dass auch diese 500 bestehenden Geldeinheiten ursprünglich als Kredit ins Publikum gelangt sind, wird deutlich, dass wir das Problem einfach nur eine Stufe zeitlich nach hinten verschoben haben. Der für die 500 Geldeinheiten benötigte Zins wurde ja nicht mitgeschaffen und könnte höchstens aus einem zuvor bereits in Umlauf gebrachten Geldbestand finanziert werden – womit wir erneut eine Stufe nach hinten gehen. Das Grundproblem des fehlenden Zinsbetrags wird durch den Hinweis auf den Transfer von Zentralbankgewinnen an den Staat also nicht beseitigt. Diejenigen, die nun argumentieren möchten, das Problem lasse sich lösen, indem man dem Publikum ein schuldfreies Startkapital zur Verfügung stelle, aus dem dann der erste Zinsbetrag gezahlt werde, seien daran erinnert, dass neben der Zentralbank auch andere Akteure (z. B. vermögende Private) Zinsen verlangen und das Startkapital nicht ausreichen würde, um auch deren Zinsforderungen zu bedienen. Weil Zinsen ihrer Natur nach ein stetiges Wachstum angelegter Geldvermögen bewirken, zehren diese Vermögen, sofern sie nicht abgehoben bzw. zurückgezogen werden, irgendwann jedes Startkapital auf. Und spätestens von diesem Moment an können die Vermögen nur noch durch fortwährende Verschuldung anderer weiter wachsen.

Ich scheue mich nicht vor der Behauptung, dass das Verkennen dieses einfachen Sachverhaltes als eine der größten Fehlleistungen der gesamten Wissenschaftsgeschichte betrachtet werden muss. Wenn man nämlich bedenkt,

Schaubild 3.2: Der Kampf um den fehlenden Zins

Nehmen wir an, aus dem Bankensystem würden der Staat, zwei
Unternehmen und zwei Haushalte zu einem bestimmten Zeitpunkt
(t1) jeweils einen Kredit in Höhe von 10 Geldeinheiten aufnehmen.
Nehmen wir der Einfachheit halber weiter an, die Kredite müssten
zu einem Zinssatz von 10 Prozent getilgt werden. Dann müsste jeder
Akteur aus dem Publikum 11 Geldeinheiten zurückzahlen.
Insgesamt müssten also 55 Geldeinheiten zur Bank zurück, obschon
diese dem Publikum ja nur insgesamt 50 Geldeinheiten zur
Verfügung gestellt hat.

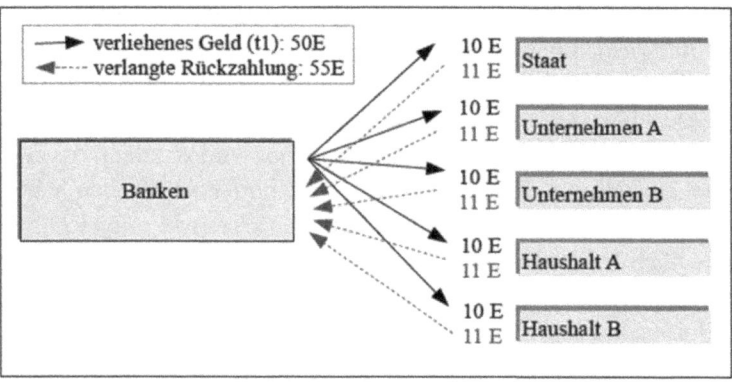

Damit ein einzelner Akteur (z.B. das Unternehmen A) die geforderte
Rückzahlung der 11 Geldeinheiten leisten kann, müssten andere
(z.B. Haushalte oder Staat) Geld an dieses Unternehmen verlieren.
So ist es in der Grafik rechts beispielhaft dargestellt: Die 50 vom
Publikum ausgeliehenen Geldeinheiten würden im marktwirtschaft-
lichen Wettbewerb und im Zuge staatlicher Steuern und öffentlicher
Ausgaben unter den Akteuren neu verteilt (Zeitpunkt t2).

Quelle: eigene Grafik

wie lange es Zinsen schon gibt und wie weitreichend die Konsequenzen
sind, die ein Zinsgeldsystem für Millionen und Milliarden von Menschen
mit sich bringt, verschlägt es einem einfach nur die Sprache. Lassen Sie
mich diese Konsequenzen darum etwas ausführlicher beleuchten.

Was einzelne dann nach Abzug von Kredit und Zins, also zum Zeitpunkt t3, noch als Überschuss verbuchen können (hier: 1E bei Unternehmen A), bliebe bei ihnen, der Rest flösse komplett an die Banken zurück (hier: 49E, siehe Spalte „Rückzahlung" unten). Es blieben wenige Gewinner (hier: das Unternehmen A, das nun seinerseits sein Vermögen gegen Zins verleihen kann) und viele Verlierer. Denn am Ende (t3) bleibt irgendwo im Publikum der von Anbeginn fehlende Zinsbetrag (5 Geldeinheiten) als offene Schulden verteilt. Deren Rückzahlung gelänge nur durch eine erneute Schuldenaufnahme – dann setzte sich der Kampf um den fehlenden Zins auf einer höheren Stufe fort.

	Rückzah-lung	neu verteilte Bestände (t2)		finaler Saldo (t3)
◀---- faktische Rückzahlung				
	8E	8E	Staat	-3E
Banken	11E	12E	Unternehmen A	1E
	10E	10E	Unternehmen B	-1E
Offene Forderungen ans Publikum: 6E, davon 5E* fehlender Zins und 1E ausstehender Kredit-betrag, entsprechend dem Gegenwert der Gewinne des Publikums (hier: Unternehmen A)	11E	11E	Haushalt A	0E
	9E	9E	Haushalt B	-2E
	49E	50E		-5E*

Ein unterschätztes Übel: Der Zins

Vertagten wir im zweiten Kapitel die Suche nach dem Mechanismus, der in sämtlichen Volkswirtschaften ein quasi-automatisches Ansteigen der Ver-

schuldung bewirkt, dann haben wir ihn jetzt gefunden. Es ist der Effekt von
Zins und Zinseszins. Dass Schulden in ihrer Gesamtheit niemals zurückge-
zahlt werden können, wussten wir schon. Warum sie in den vergangenen
Jahrzehnten stetig gestiegen sind, haben wir nun hinzugelernt.

Weil es sich bei Guthaben und Schulden nicht um materielle Produkte, sondern um abstrakte Buchungssätze handelt, können beide prinzipiell schneller und höher wachsen als das BIP. Sie müssen ja weder mit Arbeitskraft
hergestellt werden, noch unterliegen sie ökologischen Wachstumsgrenzen.
Sie sind bloß Zahlen und werden als solche einfach aufgeschrieben oder
eingetippt. Wie weit Guthaben und Schulden in die Höhe schießen, hängt
allein von der Verschuldungsbereitschaft und der Bonität der Schuldner ab.
Erst wenn die Gläubiger keine Schuldner mehr finden oder sie nicht länger bereit sind, die Schuldner mit neuen Krediten zu versorgen, stößt das
System an Grenzen. Die Vermögen können an diesem Punkt nicht mehr
wachsen und die Altschulden mangels Neuverschuldung nicht mehr getilgt werden. Jene Grenze nehmen wir dann als Schuldenkrise wahr. Sie
endet niemals mit der Rückzahlung der Schulden (weil das ja nicht möglich
ist), sondern mit einer wie auch immer gearteten Umstrukturierung.[69] Die
Schulden werden dann per Verhandlungen teilweise erlassen, oder sie werden durch vermehrten Gelddruck inflationiert.[70] Oder sie werden mittels
politischer Verfügung einfach komplett gestrichen. Eine besonders radikale
Form der politischen Verfügung wählten französische Monarchen der frühen Neuzeit. Wichtige Gläubiger ließen sie mitunter einfach hinrichten.[71]
Im Altertum strichen sumerische, babylonische und assyrische Herrscher
nicht bloß per machtpolitischen Entschluss die Staatsschulden, sondern
auch private Schulden. Gläubiger verloren regelmäßig ihre Ansprüche und
Schuldknechte durften nach Hause zu ihren Familien zurückkehren. Üblicherweise wurden solche allgemeinen Schuldenerlasse rituell im Rahmen
von Neujahrsfeiern verkündet. Ziel dieser wiederkehrenden Maßnahmen
war stets die Wiederherstellung eines sozialen Gleichgewichts.[72] Auch im
Alten Testament finden wir Hinweise auf rituelle Schuldenerlasse. Im fünften Buch Mose (15,2) wird dem Gläubiger verfügt, im Sabbatjahr auf seine
Kreditforderung zu verzichten und Schuldknechte freizulassen.

Die Dynamik unseres Zinsgeldsystems mit seinen unweigerlichen Zusammenbrüchen kann man sich in etwa so vorstellen, als würde man einen Computerprozessor immer weiter an die Grenze seiner Rechenkapazität treiben, bis er sich schließlich »aufhängt«. Anschließend würde man auf »Reset« drücken und den Rechner erneut hochjagen. Was die Verschuldung betrifft, spielen wir dieses Spielchen nun schon seit Jahrtausenden – von wenigen Unterbrechungen abgesehen.[73] Anders als das Ausreizen eines Computerprozessors bedeutet das Ausreizen der Verschuldungskapazität einer Volkswirtschaft jedoch jedes Mal eine soziale Katastrophe.[74] Gerade heute, mit unserem zweistufigen Banksystem, peitscht das Zinssystem die Menschen vom Start weg gegeneinander auf. Weil das Publikum in seiner *Gesamtheit* den Zins nämlich niemals aufbringen kann, können *einzelne* Haushalte oder Unternehmer nur dann ihre Zinsen zahlen, wenn es ihnen gelingt, *anderen* im marktwirtschaftlichen Konkurrenzprozess Geld abzujagen (siehe Schaubild 3.2 auf Seite 78/79). Und so kämpft jeder, ohne sein Problem freilich als ein *kollektives* zu erkennen, um den fehlenden Zins: Die Unternehmer müssen Gewinne machen, die Arbeiter eine hohe Entlohnung erzielen und die Politiker genügend Steuern eintreiben. Da das umlaufende Geld aber niemals für alle reicht und das Bewusstsein für die übergeordneten Zusammenhänge fehlt, streiten sich die Menschen und jeder schimpft über den anderen: Die Arbeiter schimpfen über die raffgierigen Kapitalisten, die Unternehmer schimpfen über zu hohe Löhne und beide schimpfen über viel zu hohe Steuern. Unzufrieden mit ihrer Situation, wählen die Bürger mal die eine Partei, dann wählen sie wieder die andere, doch substanziell ändern tut sich nichts. Ökonomische Missstände und Politikverdrossenheit greifen zusehends um sich. So vergiftet der Zins unsere Gesellschaft. Er sät ein allgemeines Klima der Angst und des gegenseitigen Argwohns. Unternehmer fürchten um ihren Fortbestand, einfache Bürger um ihren Lebensunterhalt und Politiker um die Stabilität von Staatsfinanz und sozialer Ordnung. Trotz aller politischen Bemühungen, trotz unternehmerischer Höchstleistungen und trotz steigender Arbeitsbelastung bleiben am Ende die meisten Menschen auf der Strecke. Sie sind verschuldet oder leben in einem verschuldeten Staat, dessen Steuern sie zahlen und dessen Sparmaßnahmen sie erdulden müssen.

Auf der anderen Seite profitieren die wenigen Gewinner des Zinssystems gleich doppelt. Wer nämlich im marktwirtschaftlichen Verteilungskampf erfolgreich war, kann seine Überschüsse ebenfalls verzinslich anlegen. Sprich: Was er gewonnen hat, kann er den Verlierern gleich gegen Zins wieder ausleihen. Dann verlangt auch er mehr Geld zurück, als er gegeben hat, und kann von der Verschuldung der Massen ebenso profitieren wie die Banken. Sollte ein Schuldner mal ausfallen, kann der Gläubiger immerhin noch dessen Sachwerte pfänden. Auf dem Weg zur Verschuldungsgrenze können sich die Vermögenden auf diese Weise in immer größeren Besitz von Immobilien, Sachkapital und anderen Wertobjekten bringen. Je weiter die Verschuldung der Massen voranschreitet, umso stärker werden sie von ihren Gläubigern »ausgequetscht«. Wir können heute wahrlich von Glück reden, dass es die Schuldknechtschaft bei uns nicht mehr gibt. Hatten die Menschen in früheren Jahrhunderten nämlich gar nichts mehr, was als Pfand hätte einbehalten werden können, wurden sie oder ihre Angehörigen einfach versklavt.

Der Mechanismus des zinsbedingten »Ausquetschens« von Schuldnern gilt im Übrigen auch für verschuldete Staaten, die zur Aufrechterhaltung ihrer Bonität dazu gedrängt werden oder sich dazu genötigt sehen, öffentliches Eigentum zu veräußern. Griechenland hat beispielsweise, wie man der Presse entnehmen kann, im Zuge seiner Sparmaßnahmen staatliche Häfen verkauft und Inseln verpachtet.[75] Weitgehend unbekannt, aber umso bemerkenswerter ist in diesem Zusammenhang auch der Fall des ehemals unabhängigen Gebiets Neufundland, das 1907 gemeinsam mit Neuseeland den Status eines von der britischen Krone unabhängigen »Dominions« erhielt. Während sich Neuseeland als neuer Staat etablieren konnte, büßte Neufundland seine Souveränität infolge hoher Auslandsschulden bald wieder ein.[76] In den 1930er-Jahren löste sich die hoch verschuldete neufundländische Regierung auf Drängen Großbritanniens selbst auf und wurde gegen den Willen seiner Bevölkerung wieder zu einer britischen Kolonie (später wurde Neufundland als Provinz in den kanadischen Staat eingegliedert, dem es bis heute angehört). Neufundland hat im Würgegriff seiner Gläubiger also kein öffentliches Eigentum veräußert, sondern gleichsam wie ein Schuldknecht seine Selbstbestimmung verloren. Nicht in dieser

Radikalität, aber dennoch realpolitisch spürbar, scheinen auch heutige Schuldnerstaaten ihre Selbstbestimmung aufgeben zu müssen. So wurden die wirtschaftspolitischen Entscheidungen der griechischen und anderer Regierungen seit Ausbruch der Finanz- und Staatsschuldenkrise wohl eher nach den Wünschen ihrer internationalen Gläubiger als nach dem Willen ihrer Bürger ausgerichtet. Es scheint ein wiederkehrendes und fatales Muster in der Geschichte zu sein, dass sich die Demokratie im Zweifelsfall den Schulden (genauer: den Gläubigern) unterzuordnen hat. Auch die Regierung Tsipras hat die von ihren Wählern erhoffte Kurswende bislang nicht herbeiführen können (Stand: November 2015).

So züchtet ein Zinssystem eine immer reicher und mächtiger werdende Elite und treibt den Rest der Bevölkerung in zunehmende Verschuldung und Abhängigkeit. Dabei sollte man sich stets vor Augen halten, dass diese Vermögenselite ihren zinsbedingten Reichtum *nicht* durch *Leistung* erworben hat. Zinseinkünfte sind für ihre Empfänger per Definition leistungslose Einkommen. Mögen sich die Vermögenden den ersten Geldbetrag, den sie anlegten, noch so hart im marktwirtschaftlichen Wettbewerb erkämpft haben – für die *Zinserträge* aus ihren Anlagen haben sie keinen Finger gekrümmt. Den Zins und den Zinseszins, den sie fortwährend kassieren, zahlen die Schuldner. Letztere sind es, die arbeiten müssen, um die Kreditforderungen ihrer Gläubiger bedienen zu können. Völlig unbemerkt vollzieht sich auf diese Weise eine permanente Umverteilung von »fleißig« zu »reich«. Auch Sie zahlen ständig Zinsen, ohne es zu merken. Fast jedes Mal, wenn Sie ein Produkt kaufen, können Sie davon ausgehen, dass der Hersteller dieses Produktes irgendeinen Kredit zu tilgen hat. Er hat die Zinskosten in die Preise mit einkalkuliert und zweigt einen Teil seiner Erlöse an die Gläubiger ab. Des Weiteren fließt jedes Mal, wenn Sie Steuern zahlen, ein Teil dieser Steuern an die Gläubiger des Staates. In Deutschland bilden die staatlichen Zinszahlungen den drittgrößten Ausgabenposten im Bundeshaushalt. Jeder elfte Steuereuro, den Sie an den Staat zahlen, geht als Zins direkt in die Taschen vermögender Gläubiger.[77]

Dass sich die Vermögen der Reichen nicht von selbst vermehren, sondern stets aus den Einkommen arbeitender Menschen alimentiert werden, wusste vor 2.000 Jahren schon der große Aristoteles: »Geld wirft keine Jungen. Wenn Zinsen trotzdem gezahlt werden, dann stammen diese eher aus dem Arbeitsfleiß als aus dem Gelde.«[78] Allein diese Tatsache sollte eigentlich Grund genug sein, die Existenz von Zinsen grundsätzlich infrage zu stellen: Warum erlaubt es eine aufgeklärte Gesellschaft einer Minderheit von Superreichen, sich ohne Arbeitsleistung und zulasten der großen Bevölkerungsmehrheit fortwährend und massiv zu bereichern? Aristoteles selbst hielt alle auf Zins basierenden Gesellschaftsordnungen aus eben diesem Grund für potenziell bürgerkriegsgefährdet – ein nachvollziehbares Urteil, wenn man sich die politisch aufgeladene Stimmung im heutigen Südeuropa oder diverse soziale Unruhen in der Geschichte anschaut.[79] Die größte Leistung des Reformers Solon sah Aristoteles dementsprechend weniger in der Erarbeitung einer Verfassung für Athen, sondern vielmehr im Schuldenerlass für die attische Bevölkerung.[80]

Müsste man unser Zinsgeldsystem abschließend auf eine knappe Formel bringen, ließe es sich wohl am besten als ein verstecktes Ausbeutungssystem mit begrenzter Haltbarkeit charakterisieren. Es bereichert wenige Gläubiger auf Kosten vieler Schuldner und führt zum Kollaps, sobald die Schuldner nicht mehr können oder die Gläubiger nicht mehr wollen. Solange uns das aber nicht bewusst ist, starten wir das System nach jeder Schuldenkrise wieder von vorne, anstatt es durch ein gerechteres und stabileres System zu ersetzen. Wie viel Leid hätte der Menschheit erspart bleiben können, hätten die etablierten Ökonomen jene Zinsproblematik doch ernsthaft untersucht! Bezeichnenderweise geht die Aufklärungsarbeit denn auch nicht von den wirtschaftswissenschaftlichen Lehrstühlen, sondern von Außenseitern, Autodidakten und Praktikern aus,[81] was der Durchsetzungsfähigkeit und allgemeinen Glaubwürdigkeit der Zinskritik nicht gerade zum Vorteil gereicht. Als akademisch vorbelasteter Ökonom habe ich selbst Jahre gebraucht, um die inneren Widerstände gegen die »zinskritischen Hobbyökonomen« aufzugeben. Nach intensiver Beschäftigung und vergeblicher Fehlersuche musste ich jedoch eingestehen, dass die vielfach belächelten Außenseiter in wesentlichen Punkten recht hatten.

4) Leitlinien für eine neue Wirtschaftswissenschaft

In diesem Kapitel möchte ich darlegen, wie wir die Wirtschaftswissenschaft derart neu aufstellen können, dass Missstände und Versäumnisse, wie sie in den ersten drei Kapiteln beschrieben wurden, künftig ausbleiben. Dabei gehe ich von drei Grundsätzen aus: vom Grundsatz der unbedingten Wahrheitssuche, vom Grundsatz der klaren Sprache und vom Grundsatz der Bedeutsamkeit von Forschungsfragen.

Der Grundsatz der unbedingten Wahrheitssuche

Als Hauptursache für das Versagen der Ökonomie als akademische Disziplin haben wir in Kapitel 2 ihre eklatante Ideologieanfälligkeit ausgemacht. In dramatischer Weise verengen und verzerren unsere Ökonomen ihren Blick auf die sozialökonomische Realität, was zwar den Vorteil mit sich bringt, politisch anschlussfähige Empfehlungen an die Regierungen formulieren zu können. Bedauerlicherweise führen diese Empfehlungen aber seit Jahrzehnten zu keinen spürbaren Fortschritten bei der Beseitigung von Arbeitslosigkeit, sozialer Ungleichheit, Armut und Umweltzerstörung. Gleiches beobachten wir in jüngerer Zeit hinsichtlich der Schuldenkrise.

Nach Maßgabe des Grundsatzes der unbedingten Wahrheitssuche sollten sich Wirtschaftswissenschaftler, anstatt politisch angepasst zu agieren, zuallererst darum bemühen, ein möglichst klares und zutreffendes Bild der ökonomischen Wirklichkeit zu gewinnen. Wie bei allen wissenschaftlichen Bemühungen sollte der erste und wichtigste Zweck ökonomischer Forschung stets darin liegen, wahre Aussagen über den facheigenen Untersuchungsgegenstand zu formulieren. So tut es der Meteorologe hinsichtlich Klima und Wetter, der Astronom bezüglich Entstehung, Zusammensetzung und Entwicklung des Weltalls, der Psychologe in Bezug auf das Wahrneh-

men und Verhalten von Menschen, und der Ökonom sollte seinerseits die
gesellschaftlichen Prozesse der Produktion und Verteilung knapper Güter
und Dienstleistungen bedingungslos wahrheitsorientiert analysieren. Wenn
auch die Wirtschaftswissenschaft um der Wahrheit willen betrieben wird,
und nicht, um bestimmten Interessengruppen zu gefallen, darf politische
Anschlussfähigkeit kein Gradmesser und kein Kriterium sein – weder bei
der Auswahl von Forschungsfragen noch bei der Erarbeitung wirtschaftspolitischer Lösungsansätze. Die politische Verwertbarkeit der Wirtschaftswissenschaft im Sinne einer für Regierungspolitiker praktikablen Anwendung
von Forschungsresultaten ist zuvorderst ein Problem der Politik selbst, nicht
eines der Wissenschaft.

Das ideale Verhältnis von Wissenschaft zu Politik sieht so aus, dass die
Wissenschaft den politischen Entscheidungsträgern, den Medien und der
interessierten Öffentlichkeit ihr ganzes Wissen unverblümt zur Verfügung
stellt. Was die Adressaten dann damit anfangen, bleibt ihnen überlassen. Es
obliegt den Bürgern und deren politischen Repräsentanten, dasjenige aus
den wissenschaftlichen Erkenntnissen und Empfehlungen herauszugreifen,
was ihnen beliebt. Sollten sie dabei wahre Erkenntnisse und wirksame Rat-
schläge zugunsten politisch opportuner Wirtschaftspolitiken verdrängen,
ist das in einer Demokratie ihr gutes Recht. Ein mögliches Scheitern jener Maßnahmen könnten sie dann aber nicht länger den beratenden Ökonomen ankreiden. Das Versagen der Politik läge nunmehr allein in ihrer
eigenen Verantwortung. Und hierin liegt der wesentliche und wichtigste
Unterschied zur heutigen Situation: Derzeit haben Öffentlichkeit und politische Entscheidungsträger noch nicht einmal die Möglichkeit, sich anders
als falsch zu entscheiden, weil die meisten Wirtschaftswissenschaftler ihnen
ja kein klares und kein zutreffendes, sondern ein ideologisch verengtes und
verzerrtes Bild der sozialökonomischen Realität liefern. Insofern trägt die
heutige Wirtschaftswissenschaft an den unübersehbaren sozialökonomischen Missständen unserer Zeit eine gehörige Mitschuld.

Damit Wissenschaft gemäß dem Grundsatz der unbedingten Wahrheitssuche funktionieren kann, sind von beiden Seiten, das heißt seitens der Wis-

senschaft und seitens der Politik, gewisse Anstrengungen zu unternehmen. Beginnen wir mit der Wissenschaft.

Zuallererst müssten Ökonomen einen gewissen Pluralismus von Forschungsansätzen innerhalb ihrer Disziplin zulassen. Die Einseitigkeit, mit der unsere Wirtschaftswissenschaftler zuweilen ihren althergebrachten Paradigmen und ihrer mathematiklastigen Methodik verhaftet sind, hat in den letzten Jahrzehnten gewiss nicht zur dringend benötigten Erweiterung des Denkhorizonts beigetragen.[82] Des Weiteren sollten Ökonomen jeder Versuchung widerstehen, sich in den Dienst bestimmter Interessengruppen zu stellen. Weder die Gewerkschaft noch der Arbeitgeberverband, weder die Bank noch die Partei sind geeignete Auftraggeber für einen strikt wahrheitsorientiert forschenden Ökonomen. Es geht letztlich um den *Ethos* des Forschers. Der unbedingte Wille zur Erkenntnis und der ungetrübte Blick auf die sozialökonomische Realität müssen zur absoluten Herzenssache der künftigen Ökonomengeneration werden. Ruhm und Status dürfen keinen ausschlaggebenden Anreiz zur wissenschaftlichen Arbeit darstellen, ebenso wenig hohe Gehälter und Honorare. Der Wahrheit zuliebe brauchen wir Idealisten, keine Karrieristen.

Und der Staat? Wie bislang sollte seine Hauptaufgabe darin liegen, den wissenschaftlichen Betrieb aus öffentlichen Mitteln zu finanzieren und die Freiheit der Forschung zu garantieren.[83] Jegliche Forschung muss ohne Rücksicht auf Regierungsinteressen erfolgen dürfen. Die Bürger, welche die Steuermittel zur Alimentierung der Wissenschaftler aufbringen, haben schließlich ein Recht auf eine möglichst wahrheitsgemäße Beschreibung der Welt, in der sie leben. Nur das ist demokratisch und verhilft zu einer freien Willensbildung. Würden Ökonomen hingegen unter der Auflage forschen müssen, für regierende Politiker leicht anschlussfähiges, insofern zwangsläufig gefiltertes Wissen zu liefern, dann bräuchte man letztlich auch keine Wissenschaft, denn dann wären Ökonomen nichts weiter als öffentlichkeitswirksame Legitimatoren herrschender politischer Handlungsgewohnheiten – was mit dem aufrichtigen Bemühen um wahre Erkenntnis und der demokratischen Möglichkeit einer selbstbestimmten Willensbildung nicht viel zu tun hat.

Der Grundsatz der klaren Sprache

Ihren Geldgebern und Adressaten, nämlich der Öffentlichkeit und den politischen Entscheidungsträgern, sind die Ökonomen im Gegenzug für ihre Finanzierung eines schuldig: dass sie ihr Wissen möglichst verständlich und überprüfbar präsentieren.[84] Erstens liegt das im Interesse der Wahrheit selbst. Wenn Außenstehende die Gedankengänge und Forschungsresultate der Ökonomen überprüfen können, sind Fehler schneller zu finden und Verbesserungsvorschläge wahrscheinlicher. Zweitens dient der Grundsatz der klaren Sprache wiederum der demokratischen Sache. Bürger und Politiker werden ihren Willen und ihre Entscheidungen umso fundierter herausbilden können, je mehr sie von der Wirtschaft verstehen.

Gewiss mag mancher Zusammenhang kompliziert sein und gewiss übersteigt es in vielen Fällen die Fähigkeit eines ungeübten Laien, die Forschungsarbeit eines hauptberuflichen Wissenschaftlers nachvollziehen zu können. Dennoch sollte sich der Forscher, der das Privileg der öffentlichen Finanzierung genießt, zumindest darum bemühen, die Verständnishürden für alle Interessierten und Willigen auf ein möglichst niedriges Niveau zu senken. Hierin liegt eine große Herausforderung für die Wirtschaftswissenschaft der Zukunft und hierfür können Ökonomen schon jetzt erste Schritte einleiten. Beispielsweise sehe ich unter dem Grundsatz der klaren Sprache wenig Rechtfertigung für die Verwendung von Mathematik zur Beschreibung sozialer Realitäten. Wer für sozialwissenschaftliche Forschung mathematische Methoden wählt, baut Verständnisschranken auf, die all jene, die von der Mathematik wenig Ahnung haben, von der Verstehbarkeit und Überprüfbarkeit der eigenen Forschungsarbeit ausschließen. Dummerweise handelt es sich hierbei um die Mehrzahl aller Bürger, Politiker und Sozialwissenschaftler – selbst Studierende der Ökonomie tun sich oftmals unnötig schwer. Ich will damit nicht sagen, dass man auf mathematische Darstellungsformen gänzlich verzichten sollte, im Gegenteil. Immer dann, wenn hierdurch eine Verbesserung des Verständnisses oder der Vorhersage oder aber eine zusätzliche, hilfreich erscheinende Veranschaulichung eines Gegenstandes erzielt werden kann, dürfen und sollten mathematische Instrumente zum Einsatz kommen. Als Selbstzweck oder aus falsch verstandenem naturwissenschaftlichem Nachahmungseifer haben sie in der Wirtschaftswissenschaft aber nichts zu suchen. Immer dann, wenn man Zusammenhänge ebenso gut oder sogar besser mit Worten als mit Zahlen erklären kann, sollte man darum möglichst weitgehend auf die Mathematik verzichten. Niemals sollte man hingegen auf Worte verzichten: Immer dann, wenn es einem Ökonomen hilfreich erscheint, einen Zusammenhang in Form von Grafiken oder Gleichungssystemen zu beschreiben, muss er die Herleitung und Bedeutung jener Grafiken und Gleichungssysteme gemäß dem Grundsatz der klaren Sprache in möglichst verständlichen Worten erklären.

Der Grundsatz der Bedeutsamkeit von Forschungsfragen

Kommen wir zuletzt zu einer der wichtigsten Fragen überhaupt, die sich ein Wissenschaftler zu stellen hat: Was untersuche ich und warum? Im ersten Abschnitt dieses Kapitels (Der Grundsatz der unbedingten Wahrheitssuche, Seite 85) wurde bereits dargelegt, warum politische Anschlussfähigkeit bei der Beantwortung dieser Frage kein Eingrenzungskriterium sein darf. Eine willkürliche Auswahl nach den individuellen Vorlieben des Forschers scheint indessen ebenfalls problematisch. Gemäß dem Grundsatz der Bedeutsamkeit von Forschungsfragen sollten vielmehr solche Gegenstände prioritär behandelt werden, die für die Menschheit von großem Interesse und hoher Dringlichkeit sind. Im Angesicht von Massenarbeitslosigkeit und Armut, im Angesicht von chronischen Schulden- und Währungskrisen, im Angesicht von dramatisch steigender Ungleichheit und einem nie dagewesenen Produktions- und Bevölkerungswachstum, das die ökologischen Grundlagen unserer Existenz auf Erden unwiderruflich zu zerstören droht – was interessieren da kleinteilige mathematische Mikroanalysen?

Freiheit der wirtschaftswissenschaftlichen Forschung derart auslegen zu wollen, dass jeder bis hin zur Nonsensforschung untersuchen darf, was ihm gerade zur eigenen Selbstverwirklichung zweckdienlich erscheint, grenzt vor dem Hintergrund der gegenwärtigen Lage unseres Planeten mindestens an Zynismus. Als Rechtfertigung für öffentlich finanzierte Forschungsaktivitäten kann man sich doch keinen sinnvolleren Forschungszweck vorstellen, als dem Wohl der Menschheit zu dienen. Auch das sind die Ökonomen uns schuldig.

5) Ein alternativer wirtschaftspolitischer Ansatz:

Die Regulierung von Sozialprodukt, Einkommensströmen und Bevölkerungszahl

In den ersten drei Kapiteln habe ich mich darum bemüht, wesentliche Unzulänglichkeiten der Ökonomie als akademische Disziplin zu identifizieren. Im Anschluss habe ich die Anforderungen an eine neue Wirtschaftswissenschaft konturiert. Die beiden letzten Kapitel möchte ich dazu nutzen, entsprechend jenen in Kapitel 4 entworfenen Anforderungen alternative Forschungsarbeit zu leisten und alternative wirtschaftspolitische Lösungsansätze zu präsentieren. Gemäß dem Grundsatz der Bedeutsamkeit von Forschungsfragen werde ich auf drängende Krisenerscheinungen eingehen. Nach Maßgabe des Grundsatzes der klaren Sprache will ich meine Argumentation möglichst nachvollziehbar entfalten. Und im Sinne des Grundsatzes der unbedingten Wahrheitssuche nehme ich bei alledem keinerlei Rücksicht auf politische Zwänge und Sonderinteressen gleich welcher Art. Bezüglich der Akzeptanz meiner Arbeit im wissenschaftlichen, politischen und medialen Mainstream mache ich mir deshalb keine Illusionen. Ich weiß, dass dasjenige, was ich vorzuschlagen habe, »realpolitisch« als nicht umsetzbar gilt. Anders kann ich aber leider nicht, weil in der »Realpolitik« ja gerade das Problem liegt. Im Rahmen der »Realpolitik« werden wir aus den in diesem Buch untersuchten Gründen keine einzige der gravierenden wirtschaftlichen Krisen unserer Zeit nachhaltig beseitigen können: weder die Arbeitslosigkeit noch die Schuldenkrise, weder die Ressourcenausbeutung noch Armut und soziale Ungleichheit. Noch einmal betone ich darum die Notwendigkeit, den eingeschränkten Horizont, innerhalb dessen wir üblicherweise wirtschaftspolitische Maßnahmen diskutieren, drastisch zu erweitern. Wenn hilfreiche Maßnahmen mit dem Hinweis auf mangelnde politische Durchsetzbarkeit zugunsten wenig hilfreicher oder gar kontraproduktiver Maßnahmen geopfert werden, dann sollte man abwägen, ob es nicht vielleicht sinnvoller wäre, den politischen Rahmen zu verändern.

Zur Verhinderung von Arbeitslosigkeit und Schuldenkrisen habe ich in den vergangenen Kapiteln implizit schon einiges gesagt. Vollbeschäftigung halte ich am ehesten über den Weg flächendeckender Arbeitszeitverkürzung für realisierbar. Der Ansatz ist von zahlreichen Autoren bereits ausführlich beschrieben worden, weshalb ich an dieser Stelle nicht weiter darauf eingehen will und den Leser auf die entsprechende Literatur verweise.[85] Zur Verhinderung von Schuldenkrisen empfehle ich eine Neuordnung unseres Geldsystems derart, dass erstens Geld nicht als Bankkredit, sondern in Form öffentlicher Ausgaben in Umlauf gelangen sollte und dass zweitens Geldvermögen nicht verzinst werden dürfen. Auch hierzu gibt es zahlreiche Veröffentlichungen und Initiativen, auf die ich den interessierten Leser verweise.[86] Den Schwerpunkt dieses Kapitels möchte ich gerne auf zwei andere Krisenphänomene legen, die seit Ausbruch der Finanz- und Schuldenkrise bedauerlicherweise ein wenig aus dem Fokus des medialen Interesses herausgerückt sind: die weltweite Armut und die Zerstörung unserer natürlichen Ressourcen und Senken.[87] Wie wir bald sehen werden, führt die Absicht, die ökologische und die Armutskrise zugleich bekämpfen zu wollen, unweigerlich zur logisch zwingenden Forderung nach einer politischen Regulierung von Sozialprodukt[88], Einkommensströmen[89] und Bevölkerungszahl.

Wie müsste eine Welt ohne Armut aussehen?

Noch immer lebt ein Großteil der Menschen weltweit in Armut. Jeder neunte Mensch leidet Hunger,[90] jeder siebte lebt von weniger als 1,25 Dollar am Tag.[91] Besonders stark betroffen sind die Menschen im subsaharischen Afrika und im Süden Asiens. Hier liegt der Anteil extrem armer Menschen an der Bevölkerung bei knapp 50 respektive 25 Prozent.[92]

In einer Welt ohne Armut müssten all diese Menschen in die Lage versetzt werden, ein gewisses Minimum an Gütern und Dienstleistungen erwerben zu können. In einer Welt ohne Armut müsste es also auf irgendeine Weise ein *Mindesteinkommen* für natürliche Personen geben. Wie hoch solch ein Einkommen konkret beziffert würde und ob es je nach Land und Region divergieren sollte, bliebe zu diskutieren und politisch zu definieren. Ebenso bliebe zu klären, in welcher Form ein solches Einkommen entrichtet werden würde. Denkbar wären hier sämtliche Lösungen zwischen der großzügigen Variante eines bedingungslosen Grundeinkommens für jedermann und der Minimal-Variante einer Subventionierung unzureichender Einkommen von Bedürftigen. Zu beachten bliebe außerdem, dass eine bloße Zuteilung von *Geld* den Armen nichts nützte, sofern die benötigten *Waren und Dienstleistungen* nicht vor Ort wären. Damit die Empfänger der Mindesteinkommen tatsächlich zu ihren Gütern kämen, müsste man über den Transfer abstrakter Kaufkraft hinaus das lokale Angebot mitsamt der entsprechenden Infrastruktur sicherstellen und die globalen Ströme von Ressourcen, Gütern und Know-how entsprechend lenken. Wie auch immer dies im Konkreten aussehen könnte und wenngleich die politische Durchsetzbarkeit an dieser Stelle noch ausgeklammert bleibt,[93] gilt es doch, zunächst die unbestreitbare Erkenntnis festzuhalten, dass eine Güterversorgung unterhalb eines gewissen existenziellen Bedarfs in einer Welt ohne Armut keinesfalls geduldet werden darf.

Wie müsste eine Welt ohne Umweltzerstörung aussehen?

Auch die Zerstörung der Natur schreitet entgegen aller politischen Absichtserklärungen, Umweltgipfeln und Bemühungen unaufhaltsam voran. Jeden Tag verschwinden zum Beispiel 35.600 Hektar Waldfläche[94] und jeden Tag sterben bis zu 158 Arten.[95] Die Müllberge steigen seit Jahrzehnten beständig[96], ebenso die Produktion von Treibhausgasen wie Kohlenstoffdioxid.[97]

In einer von Umweltzerstörung befreiten Welt müsste der Abbau von Rohstoffen sowie die Produktion von Müll und Abgasen auf ein ökologisch gebotenes Maß reduziert werden. In einer Welt ohne Umweltzerstörung müsste es also eine Art *maximale Nutzungskapazität für natürliche Ressourcen und Senken* geben. Diese begrenzenden Nutzungskapazitäten können und müssen je nach Rohstoff und Art der Senke divergieren, ebenso scheint eine lokale Differenzierung sinnvoll. Die genaue Höhe und konkrete Definition der jeweiligen Grenzen bliebe auch hier unscharf und politisch zu diskutieren. Trotzdem darf es ähnlich wie beim Mindesteinkommen keinen Zweifel daran geben, *dass* eine gewisse Begrenzung vonnöten ist.

Die wirtschaftspolitischen Implikationen aus der Kombination beider Ziele

Nun kommt das Entscheidende: Wenn wie auch immer definierte Mindesteinkommen und Naturnutzungsgrenzen die beiden unabdingbaren Voraussetzungen für eine Welt ohne Armut und Umweltzerstörung darstellen, ergibt sich als eine *logisch zwingende Schlussfolgerung* aus eben diesen beiden Voraussetzungen die Forderung nach einer politischen Regulierung von Sozialprodukt, Einkommensströmen und Bevölkerungszahl. Ein hohes Sozialprodukt bei hoher Bevölkerungszahl bedeutet nämlich ceteris paribus[98] einen hohen Ressourcenverbrauch (auf die Möglichkeiten und Grenzen der technischen Effizienzfortschritte kommen wir noch zurück). Will man den Ressourcenverbrauch aus ökologischen Gründen einschränken, muss man darum ceteris paribus auch das Sozialprodukt deckeln. Gehen wir nun gleichzeitig von garantierten Mindesteinkommen aus, muss das Sozialprodukt entsprechend (um)verteilt werden. Das erfordert einen politischen Zugriff auf die Einkommensströme, der heutige Maßstäbe der Besteuerung und Umverteilung um ein Vielfaches überträfe. Für den Fall, dass das ökologisch zulässige Sozialprodukt zu klein wäre, um die Zahlung aller Mindesteinkommen zu gewährleisten, müsste man zudem die Bevölkerungszahl reduzieren. Doch der Reihe nach …

Ökonomen haben bekanntlich ein Faible für mathematische Modellierung. Diese Schwäche ist bedauerlich, wenn sie zum Selbstzweck gerät und den sozialwissenschaftlichen Charakter der Wirtschaftswissenschaft untergräbt. Hilfreich ist die Mathematik nur dann, wenn sie komplexere sozialwissenschaftliche Zusammenhänge mit mehreren Faktoren systematisch zu beschreiben vermag und insofern eine bereichernde Ergänzung zu einer rein verbalen Erklärung liefern kann. In diesem Sinne sollen nun einige wenige und zugleich sehr einfache Gleichungen eingeführt werden. Sobald es ein wenig komplizierter wird oder Fachausdrücke auftauchen, sind zusätzliche Erläuterungen im Endnotenapparat vorgesehen. Wer dennoch gänzlich auf jegliche Mathematik und eine gründlichere Analyse verzichten möchte, kann den roten Faden wieder aufnehmen, wenn er zum übernächsten Abschnitt (»Sechs Empfehlungen für eine Welt ohne Armut und Umweltzerstörung«) auf Seite 106 weiterblättert. Dort findet er die Quintessenz der folgenden Argumentation in verständlichen Worten zusammengefasst.

Als Grundbedingungen für eine Welt ohne Armut und Umweltzerstörung haben wir soeben das Mindesteinkommen sowie die Begrenzung der Naturnutzung postuliert. Das Mindesteinkommen wollen wir fortan in Anlehnung an das englische »Yield« (Ausbeute, Ernte, Ertrag) als $Ymin$, das maximale Ausmaß erlaubter Naturnutzung als N bezeichnen. Eine konkrete Definition und Erfassung beider Größen wird in der Praxis schwierig und unscharf sein. Unwägbarkeiten solcher Art würde ich hier aber gerne ausklammern. Es geht zunächst nur darum, im Sinne der Grundlagenforschung auf einer abstrakten Ebene die *Grundkriterien* deutlich zu machen, an denen sich die geforderte Regulierungspolitik orientieren kann. Entscheidend hierfür ist die Feststellung, dass das maximal erlaubte Ausmaß der Naturnutzung N, wie auch immer es am Ende für verschiedene Ressourcen und Senken differenziert ermittelt wird, zugleich die mögliche Güterproduktion begrenzt, weil ja jede Güterproduktion auf der Entnahme und Umformung natürlicher Rohstoffe fußt. Wir erhalten demnach, je nach erlaubter Naturnutzung, ein ökologisch begrenztes Sozialprodukt, das ich in erneuter Anlehnung an das englische »Yield« mit $Ymax$ abkürzen möchte. Es gilt:

$$Ymax = f(N)$$

Das bedeutet ganz einfach: Es hängt von der ökologisch gebotenen, maximal erlaubten jährlichen Nutzung von Ressourcen und Senken ab (Funktion von N), wie viele Güter und Dienstleistungen wir damit maximal in einem Jahr produzieren können beziehungsweise dürfen ($Ymax$).

Als weiteren wichtigen Faktor beziehen wir nun den technischen Fortschritt in unsere Überlegungen ein. Unter Einsatz moderner Technologien besteht die Möglichkeit, Güter ressourceneffizienter (also bei geringerem Ressourcenverbrauch) und emissionsärmer zu produzieren. Gleichwohl sind Effizienzfortschritten absolute Grenzen gesetzt, weil letztlich kein Produkt ganz *ohne* Naturnutzung erzeugt werden kann.[99] Effizienzfortschritte erlauben hin und wieder kleine oder große Sprünge – mehr aber nicht. Sobald sich solch ein Sprung ereignet, sinkt bei gleichbleibender Produktionsmenge der Umfang der verbrauchten Ressourcen und/oder der Umfang der Senkenbelastung. Sollten wir also ein bestimmtes, maximal erlaubtes Naturnutzungsniveau N definiert haben, mit dem wir ein gewisses, ökologisch begrenztes Sozialprodukt $Ymax$ generieren dürfen, könnten wir nach dem Eintreten von entsprechenden Effizienzfortschritten das gleiche Sozialprodukt $Ymax$ zu einem etwas geringeren Naturnutzungsniveau als dem ursprünglichen Niveau N erzielen. Oder anders gewendet: Das gleiche, maximal erlaubte Naturnutzungsniveau N erlaubte uns infolge von Effizienzfortschritten eine höhere Güterproduktion und damit ein höheres ökologisch erlaubtes Sozialprodukt $Ymax$. Das ökologisch zulässige Sozialprodukt $Ymax$ wäre insofern nicht starr an eine einmal definierte Naturnutzungsgrenze gekoppelt, sondern erwiese sich je nach Stand der Technik als im Zeitablauf variabel.[100] Es gilt:

$$Ymax^{(t + x)} = Ymax^{(t)} \cdot e$$

wobei die in Klammern hochgestellten Ziffern Zeitpunkte symbolisieren, nämlich einen ursprünglichen Bezugszeitpunkt t und einen beliebigen späteren Zeitpunkt $t + x$, und wobei der Multiplikator e den in diesem Zeitraum erzielten Effizienzfortschritt ausdrückt. Jener Multiplikator ergibt sich aus dem Verhältnis der Ressourcenproduktivität[101] zum Vergleichszeitpunkt $t + x$ und der Ressourcenproduktivität im Ausgangsjahr t. Es gilt also:

$$e = Ressourcenproduktivität^{(t + x)} / Ressourcenproduktivität^{(t)}$$

Ein gesamtwirtschaftlicher Effizienzfortschritt von 10 Prozent spiegelte sich gemäß dieser Formel beispielsweise in einem Multiplikatorwert von $e = 1,1$

wider.[102] Betrüge ein fiktives Ausgangs-Sozialprodukt ($Ymax^{(t)}$) 100 Einheiten, dürfte nach Anwendung einer um 10 Prozent ressourceneffizienteren Produktionstechnologie in der Folgeperiode ein Sozialprodukt von 100 mal 1,1, also von 110 Einheiten hergestellt werden ($Ymax^{(t+x)}$). Je höher der Effizienzfortschritt *e* ausfällt, umso größere Ausmaße darf das Sozialprodukt *Ymax* aus ökologischer Sicht annehmen. Das ist wichtig, denn je größer das maximal zulässige Sozialprodukt *Ymax* wird, desto großzügiger gestaltet sich der Verteilungsspielraum, aus dem die zur Armutsbekämpfung notwendigen Mindesteinkommen *Ymin* gespeist werden können.

Der Anteil des ökologisch begrenzten Sozialprodukts *Ymax*, der zur Beseitigung der Armut abgezweigt werden müsste, hinge seinerseits sowohl von der politisch definierten Höhe des Mindesteinkommens *Ymin* ab als auch von der Anzahl der Erdenbürger, die auf dieses Einkommen ein Anrecht haben. Da in einer gänzlich von Armut befreiten Welt die Grundversorgung *eines jeden Menschen* sichergestellt werden muss, beziehen wir in unsere weiteren Überlegungen am besten gleichsam die *gesamte Weltbevölkerung* ein. Sie wird im Folgenden nach dem englischen »Population« mit dem Buchstaben *P* abgekürzt:

P = Anzahl der Menschen, die auf der Erde leben (Weltbevölkerung)

Nun setzt sich diejenige Gütermenge, die wir zur Sicherung der Grundversorgung der Menschheit vorsehen müssen, logischerweise aus der politisch definierten Höhe des Mindesteinkommens (*Ymin*) multipliziert mit der Anzahl aller Erdenbürger (*P*) zusammen:

Ymin · P = Anteil des Sozialprodukts *Ymax*, der zur Armutsbeseitigung benötigt wird

In diesem Zusammenhang sollte auch die qualitative Zusammensetzung der gesellschaftlichen Güterproduktion berücksichtigt werden. Wenn wir ein Sozialprodukt *Ymax* erzeugt haben, das in Geldeinheiten bemessen mit dem Produkt aus *Ymin · P*, das heißt mit dem gesamten Bedarf an Mindesteinkommen übereinstimmt, dann nutzt das rein gar nichts, wenn sich hinter den abstrakten Zahlen Sportwagen, Raketen und goldene Badewannen verbergen. Denn damit können Hungernde nicht viel anfangen. In einer Welt, in der die Ressourcen immer knapper werden, muss die Produktion von grundlegenden Bedarfsgütern absolute Priorität genießen. Will sich die Menschheit unter der Restriktion einer begrenzten Naturnutzung der Armut entledigen, darf sie sich Luxusgüter in hoher Stückzahl einfach nicht mehr erlauben. Gleiches gilt für die unproduktive und verschwenderische Werbebranche, für weite Teile der Unterhaltungsindustrie, für kostspielige, aber ihrem gesellschaftlichen Nutzen nach fragwürdige Weltraumexpeditionen sowie natürlich für die Rüstungsindustrie. Nach dem Motto »Butter statt Kanonen« müssten die politischen Entscheidungsträger darum nicht nur die absolute Höhe, sondern auch die inhaltliche Ausrichtung des Sozialprodukts gestalten können.

Um herauszufinden, ob ein ökologisch zulässiges und qualitativ optimal gestaltetes Sozialprodukt $Ymax$ tatsächlich genügend Güter bereitstellte, um die Armut zu bekämpfen, müssen wir ihm, ausgehend von einem beliebigen Zeitpunkt, diejenige Summe gegenüberstellen, die für die Entrichtung aller Mindesteinkommen aufgebracht werden müsste (also das Produkt aus $Ymin \cdot P$). Je nachdem, wie das Verhältnis beider Größen ausfiele, ergäben sich unterschiedliche Anforderungen an die Regulierung von Sozialprodukt, Einkommen und Bevölkerungszahl. Schauen wir uns die beiden möglichen Situationen an, die theoretisch eintreten könnten:

Fall 1: $Ymax > (Ymin \cdot P)$

Wenn das ökologisch zulässige Sozialprodukt $Ymax$ die Aufwendungen zur Bereitstellung aller Mindesteinkommen deutlich überstiege, wären die Verteilungsspielräume ausreichend hoch. Alle Mindesteinkommen könnten dann entrichtet werden, und je nach Höhe des Überschusses wären für kleine oder große Bevölkerungsteile darüber hinausgehende Einkommen möglich.

Ob wir es in diesem Fall mit einer Wachstumswirtschaft zu tun hätten, hinge vom Verhältnis des heutigen und des ökologisch gebotenen Sozialprodukts ab. Nur falls das ökologisch zulässige Sozialprodukt *Ymax* oberhalb des *heutigen* Sozialprodukts läge, dürfte die Wirtschaft weiter wachsen. Wenn nicht, müssten wir unsere Wirtschaftsleistung entsprechend schrumpfen oder auf einen hinreichenden technologischen Effizienzsprung hoffen.

Fall 2: $Ymax \leq (Ymin \cdot P)$

Dieser Fall ist der »worst case«. Das ökologisch zulässige Sozialprodukt *Ymax* reichte hier gerade beziehungsweise nicht aus, um den Mindestbedarf der Weltbevölkerung mit Gütern und Dienstleistungen zu decken. Den Hunger zu besiegen und darüber hinaus einen bescheidenen Wohlstand zu schaffen, wäre ohne eine Übernutzung der Natur nicht möglich. Die Menschheit säße damit in einer Zwickmühle.

Einen bequemen Ausweg aus derselben böte eine plötzliche technologische Effizienzsteigerung. Wenn eine solche jedoch ausbliebe, käme als letzter Ausweg nur noch die Reduzierung der Bevölkerungszahl *P* in Betracht. Politische Strategien zur Reduzierung der Bevölkerungszahl setzen allerdings einen mittel- bis langfristigen Zeithorizont voraus.

Wo stehen wir heute?

Als Nächstes wollen wir nachprüfen, welcher dieser beiden Fälle auf unsere heutige sozialökonomische Lage zutrifft. Ziehen wir zu diesem Zweck zunächst das gegenwärtige Weltsozialprodukt heran. In *PPP-US-Dollar*[103] beziffert, erreichte es 2014 eine Höhe von schätzungsweise 108.000 Milliarden beziehungsweise 108 Billionen.[104] Die Zahl als solche hilft uns aber noch nicht weiter, da sie keine Schlüsse darüber zulässt, welcher Umfang an Naturnutzung sich dahinter verbirgt. Dies festzustellen ist äußerst schwierig, weil die dazu benötigten wissenschaftlichen Methoden kaum entwickelt sind und verlässliche Daten somit kaum zur Verfügung stehen. Den wahrscheinlich vielversprechendsten Ansatz, auf den wir uns hier stützen können, liefert das Konzept des »ökologischen Fußabdrucks«.[105]

Der ökologische Fußabdruck ist ein Messwert. Er misst die durchschnittliche Erdfläche, die in Abhängigkeit des Konsum- und Lebensstils einer bestimmten Person genutzt wird. Diese Fläche kombiniert typische Ressourcen und Senken und wird in Hektar pro Person und Jahr angegeben. Im Jahr 2011 (dem zuletzt untersuchten Jahr, für das vollständige Daten zur Verfügung stehen) nutzte zum Beispiel ein Deutscher nach Berechnungen des »Global Footprint Network« im Schnitt 4,4 Hektar.[106] Ein durchschnittlicher US-Amerikaner kam im selben Zeitraum auf 6,8 Hektar, ein Brasilianer auf 2,9 Hektar und ein durchschnittlicher Weltbürger auf 2,7 Hektar. Hat man den »ökologischen Fußabdruck« einmal ermittelt, kann man ihn mit dem tatsächlich verfügbaren Umfang der jährlich durch die Natur bereitgestellten Ressourcen und Senken vergleichen. Die entsprechende Fläche wird als »Biokapazität« bezeichnet und erneut in Hektar angegeben. Deutschland verfügte 2011 über eine Biokapazität in Höhe von 2,1 Hektar pro Person. Damit verbraucht ein Deutscher durchschnittlich mehr als das Doppelte der Ressourcen und Senken, die sein Heimatland jährlich bereitstellt. Ähnliches gilt für die USA, die über eine Biokapazität von 3,7 Hektar pro Bürger verfügen. Ein durchschnittlicher Brasilianer kann hingegen mit einer Biokapazität von 9,2 Hektar aufwarten (man denke an die ausgedehnten Flächen und Regenwälder). Mit seinem Konsumniveau liegt er deshalb weit unterhalb dessen, was der Ressourcen- und Senkenreichtum seines Landes ihm eigentlich erlauben würde.

Neben dem internationalen Vergleich interessiert die globale Gesamtperspektive. Wie Sie der Tabelle in Schaubild 5.1 entnehmen können, beträgt die jährlich verfügbare Biokapazität für einen *Erdenbürger* im Schnitt 1,7 Hektar. Der *tatsächliche* Flächenverbrauch eines durchschnittlichen Erdenbürgers liegt mit 2,7 Hektar pro Kopf um alarmierende 60 Prozent darüber.[107] Demnach lebt, in Summe betrachtet, gleichsam die gesamte Weltbevölkerung »über ihre Verhältnisse« – mit der Folge, dass wir den Naturreichtum unserer Erde immer weiter zerstören. Im Fachjargon bezeichnet man diese Situation als »Ecological Overshoot«: Jedes Jahr entnehmen wir der Erde mehr Ressourcen, als sie im gleichen Zeitraum reproduzieren kann, und wir fügen ihr mehr Abfälle und Abgase zu, als sie absorbieren kann. Somit sinkt der Bestand an Ressourcen und es steigt die Verschmutzung von Böden, Gewässern und der Atmosphäre.

Schaubild 5.1: Ökologischer Fußabdruck und Biokapazität 2011

	ökologischer Fußabdruck	Biokapazität	Fußabdruck relativ zur Biokapazität
Deutschland	4,4	2,1	2,1
USA	6,8	3,6	1,9
Brasilien	2,9	9,2	0,3
Japan	3,8	0,7	5,4
Elfenbeinküste	1,0	1,7	0,6
Welt	2,7	1,7	1,6

Quelle: Global Footprint Network: National Footprint Account results (2015 Edition) und eigene Berechnungen

Eines ist damit klar: Das gegenwärtige Weltsozialprodukt liegt nicht etwa unter, sondern deutlich oberhalb jenes Sozialproduktes *Ymax*, das aus einer ökologischen Perspektive zulässig wäre. Folglich bräuchten wir *negative* Wachstumsraten. Nimmt man den ökologischen Fußabdruck als Maßstab, müsste das globale Sozialprodukt um ein gutes Drittel schrumpfen.[108] Statt der eingangs genannten 108 Billionen aus dem Jahre 2014 dürften künftig nur noch Güter im Gegenwert von 70 bis 75 Billionen *PPP-US-Dollar*[109] hergestellt werden, wobei Vollbeschäftigung in diesem Fall durch eine entsprechende flächendeckende Arbeitszeitverkürzung garantiert werden kann und sollte.[110] Es versteht sich von selbst, dass diese Rechnung stark vereinfacht, weil sie von qualitativen Aspekten abstrahiert (welche Güter und welche Ressourcen werden eingespart? In welchen Branchen sinkt der Arbeitskräftebedarf und wo nicht?). Es geht an dieser Stelle aber nur darum, eine grobe Idee von den Größendimensionen zu erhalten, mit denen wir es zu tun haben.

Als wäre die hier geforderte Schrumpfung nicht schon Herausforderung genug, muss aus eben dieser reduzierten Produktionsmenge auch noch eine angemessene Mindestversorgung der Weltbevölkerung bereitgestellt werden. Doch bei welcher Höhe sollen wir diese Mindestversorgung überhaupt ansetzen? Eine Möglichkeit, die Höhe der benötigten Mindestversorgung zu beziffern, besteht im Rückgriff auf offizielle Armutsdefinitionen. Wer am Tag weniger als 1,25 *PPP-US-Dollar*[111] verdient, gilt nach einer vielzitierten Definition der Weltbank als extrem arm.[112] Extreme Armut bedeutet, dass die Betroffenen tagtäglich um ihre physische Existenz kämpfen. Laut jüngster Erhebung der Weltbank aus dem Jahr 2011 fristen etwa eine Milliarde Menschen (14,5 Prozent der Weltbevölkerung) solch ein elendes Dasein.[113] Wollte man jedem dieser armen Menschen ein garantiertes Mindesteinkommen von 1,25 *PPP-US-Dollar* zuteilen, beliefe sich die hierfür benötigte Gesamtsumme auf 1,25 Milliarden *PPP-US-Dollar* am Tag und 456 Milliarden *PPP-US-Dollar* im Jahr. Wollte man der *gesamten* Weltbevölkerung 1,25 *PPP-US-Dollar* täglich garantieren, bräuchte man dazu um die 9 Milliarden *PPP-US-Dollar* am Tag und über 3 Billionen *PPP-US-Dollar* im Jahr.

Setzt man diese Zahlen in Relation zum oben berechneten ökologisch zulässigen Sozialprodukt in Höhe von etwa 70 bis 75 Billionen *PPP-US-Dollar*, zeigt sich, dass sich jene 3 Billionen ohne Weiteres aufbringen lassen.[114] Das ist die gute Nachricht: Offensichtlich sind wir produktionstechnisch in der Lage, die physische Existenz aller Menschen auf diesem Planeten zu sichern, ohne dabei auch nur annähernd an ökologische Grenzen zu stoßen. Gleichwohl diskutieren wir hier eine absolute Minimaldefinition, die kaum mehr als eine hinreichende Kalorienzufuhr beinhaltet. Würden wir die Definition eines Mindeststandards um eine hochwertige medizinische Versorgung, die Möglichkeit einer Schulbildung und Ähnliches mehr erweitern, kämen wir mit einem Einkommen von 1,25 *PPP-US-Dollar* täglich niemals ans Ziel.

Für Bewohner der westlichen Welt dürfte es ohnehin ziemlich schwierig sein, mit einer Armutsdefinition solcher Art etwas anzufangen. In Deutschland gäbe es demnach keine Armut. Trotzdem können viele Menschen in Deutschland nicht so leben, wie es eigentlich »Standard« ist. Sie können sich kein Auto, keinen Urlaub, keinen Musikunterricht und keinen Restaurantbesuch leisten, manchmal reicht das Geld nicht einmal für den Schulausflug oder eine Busfahrt. Sie leiden zwar keinen Hunger, sind aber aufgrund ihrer vergleichsweise geringen Einkommen vom »normalen« gesellschaftlichen Leben ausgeschlossen. Ihre Armut bezeichnet man deshalb als *relativ*. In Deutschland gilt aus dieser Perspektive als armutsgefährdet, wer als Alleinlebender maximal 11.749 Euro im Jahr zur Verfügung hat.[115] Das sind knapp 980 Euro im Monat und 32 Euro am Tag. In Kaufkraftparität[116] ausgedrückt entspräche das in Preisen von 2014 einer Summe von 1.245 *PPP-US-Dollar* im Monat und 41 *PPP-US-Dollar* am Tag.

Weil sich die Lebensverhältnisse und relativen Armutsdefinitionen von Land zu Land unterscheiden, gibt es für die relative Armut keinen weltweit ermittelten Grenzwert. Schauen wir uns darum zum Vergleich eine andere nationale Armutsgrenze eines wohlhabenden Industriestaates an. Es ist die offizielle Armutsgrenze der US-amerikanischen Behörden. Sie wird als absolute Grenze angegeben und mit einem Jahreseinkommen von 12.316 US-Dollar für alleinlebende Personen unter 65 Jahren beziffert (Stand: 2014).[117] Das entspricht einem Monatseinkommen von etwa 1.026 US-Dollar und einem täglichen Einkommen in Höhe von etwa 34 US-Dollar. Für einen vierköpfigen Haushalt liegt die Armutsgrenze bei jährlichen 24.418 US-Dollar. Pro Haushaltmitglied wären das 509 US-Dollar im Monat und 17 US-Dollar am Tag (jeweils gerundet).

Sie erinnern sich, dass die Weltbank ihre absolute Armutsgrenze bei 1,25 *PPP-US-Dollar* pro Person pro Tag zog. Wenn moderne Industriestaaten wie Deutschland oder die USA vom 13- bis 33Fachen dieser Grenze ausgehen, dann zeigt das, wie viel mehr als nur das physische Überleben dort zu den selbstverständlichsten Grundbedürfnissen zählt. Würde man heute allen etwa 7,3 Milliarden Erdenbürgern ein tagtägliches Mindesteinkommen von 17 *PPP-US-Dollar* gewährleisten wollen (entsprechend der amerikanischen Pro-Kopf-Armutsgrenze für einen Vierpersonenhaushalt), beliefe sich der hierzu benötigte Gesamtbetrag auf etwa 45 Billionen *PPP-US-Dollar* im Jahr. Das entspräche in etwa zwei Fünfteln des heutigen Weltsozialprodukts in *PPP-US-Dollar* und läge unterhalb der 70 bis 75 Billionen, die wir nach Maßgabe des »ökologischen Fußabdrucks« maximal generieren dürften. Damit befänden wir uns noch in dem auf Seite 98 beschriebenen ersten Fall. Ginge man allerdings von einem Mindesteinkommen in Höhe von 32 *PPP-US-Dollar* täglich aus (entsprechend dem deutschen Grenzwert für die Armutsgefährdung eines Alleinstehenden), käme man bereits auf über 85 Billionen *PPP-US-Dollar* Gesamtaufwand pro Jahr. Das wären fast vier Fünftel des gegenwärtigen Weltsozialprodukts in *PPP-US-Dollar* und überschritte die ökologisch gebotenen Produktionsgrenzen deutlich. Wir befänden uns damit im ungünstigen zweiten Fall.

Wenngleich alle hier miteinander in Beziehung gesetzten Zahlen in ihrer Aussagekraft umstritten, bei Weitem nicht exakt und nur bedingt vergleichbar sein mögen, so zeigen sie doch gewisse Größenordnungen auf. Stockt man das Mindesteinkommen um Beträge auf, die in westlichen Gesellschaften als selbstverständlich gelten, stoßen wir rasch an die Grenzen dessen, was wir uns ökologisch erlauben dürfen. Zwar könnten wir extreme und moderate Armut ohne hohen Ressourcenaufwand aus der Welt schaffen, einen weltweiten Massenwohlstand nach westlichem Vorbild darf und kann es jedoch beim derzeitigen Stand der Produktionstechnik unmöglich geben. Das ist die unbequeme Nachricht: Will man den armen Menschen mehr gönnen als ihr nacktes Überleben, müssen wir als Bewohner der westlichen Welt massiven (!) Verzicht leisten – und zwar umso mehr, je wohlhabender wir sind.

Dieser Befund deckt sich mit den rein ressourcen- und senkenbasierten Berechnungen des »Global Footprint Network«. Während die Naturnutzung im *globalen Durchschnitt* um die erwähnten 60 Prozent zu hoch liegt,[118] verbrauchen allein die *Deutschen* ganze 110 Prozent zu viel.[119] Der Ressourcen- und Senkenverbrauch des durchschnittlichen Weltbürgers müsste demnach um ein gutes Drittel,[120] der deutsche sogar um mehr als die Hälfte sinken.[121] Da bekommt man eine ungefähre Ahnung vom Ausmaß des ökologisch notwendigen Konsum- und Investitionsverzichts.

Hierzu noch eine andere Zahl: Gegenwärtig beläuft sich das Weltsozialprodukt auf etwa 108 Billionen *PPP-US-Dollar* (siehe oben, Stand 2014). Daraus ergibt sich ein durchschnittliches Pro-Kopf-Bruttoeinkommen von knapp 15.000 *PPP-US-Dollar* pro Erdenbürger und fast 20.000 *PPP-US-Dollar* pro Erwachsenen pro Jahr.[122] Teilt man nicht das aktuelle, sondern das ökologisch gebotene Sozialprodukt von maximal 70–75 Billionen *PPP-US-Dollar* durch die Weltbevölkerung, bleiben als Durchschnittsbruttoeinkommen nur noch 10.000 *PPP-US-Dollar* pro Erdenbürger beziehungsweise 13.000 *PPP-US-Dollar* pro Erwachsenen pro Jahr (alle Werte gerundet). Auf deutsche Verhältnisse gemünzt entspräche das in Preisen von 2014 einem durchschnittlichen Pro-Kopf-Bruttoeinkommen von circa 7.900 Euro pro Einwohner pro Jahr. Geteilt durch die Anzahl erwachsener Menschen wären das gut 10.200 Euro jährlich, also um die 850 Euro im Monat. Wenn jemand mehr haben wollte, ginge das nur, sofern andere (z. B. die Menschen in der Dritten Welt) weniger bekämen. Wenn *alle* mehr haben wollten, müsste die Weltbevölkerungszahl entsprechend sinken.

Das alles klingt sehr ernüchternd und beklemmend. Es ist nicht einfach, offen einzugestehen, dass unser Wohlstand unmittelbar auf der Zerstörung der globalen Biokapazität und der Armut anderer Menschen basiert. Und es ist noch schwieriger, an diesem Umstand etwas zu ändern. Was genau geändert werden könnte, will ich nun in Form einer Empfehlungsliste zuspitzen. Diese Empfehlungen können nur als langfristig anzustrebende Ideale verstanden werden. Man wird die etablierten Weltwirtschaftsstrukturen gewiss nicht mit einem Handstreich auf den Kopf stellen können (mehr zum Thema der politischen Durchsetzbarkeit im folgenden Kapitel 6 ab Seite 126).

Sechs Empfehlungen für eine Welt ohne Armut und Umweltzerstörung

Mindesteinkommen definieren

Wir definieren ein Mindesteinkommen. Über regionale und lebenskontextliche Unterschiede lässt sich streiten. Über das, was das Mindesteinkommen bewirken soll, jedoch nicht: Jeder Mensch auf dieser Erde muss seine materiellen Grundbedürfnisse befriedigen können.

Naturnutzungsgrenzen definieren

Wir definieren maximale Nutzungskapazitäten für alle ökonomisch relevanten Ressourcen und Senken dieser Erde. Hierbei handelt es sich um eine wissenschaftliche Mammutaufgabe. Objektive und exakte Daten können wir nicht erwarten. Dennoch muss eine Begrenzung her, wenn wir keinen Freifahrtschein zum Raubbau an unserem Planeten ausstellen wollen.

Mit ökologisch begrenztem Sozialprodukt operieren

Dürfen Ressourcen und Senken nur noch begrenzt zur Herstellung von Gütern genutzt werden, wird der Umfang des globalen Sozialprodukts zwangsläufig einer Beschränkung unterliegen. Das Ausmaß des Sozialprodukts wäre dann in erster Linie produktionstechnisch bestimmt: Dasjenige, was wir bei gegebener Technik und gegebener Ressourcenproduktivität[123] aus den zur Nutzung freigegebenen Ressourcen und Senken herausholen könnten, wäre zugleich unser ökologisch zulässiges Sozialprodukt.

Einkommensströme lenken und umverteilen

Wenn wir aus einem ökologisch begrenzten Sozialprodukt einen gewissen Anteil dafür aufwenden wollen, Mindesteinkommen bereitzustellen, müssen wir die Einkommensströme entsprechend lenken. Hielten wir an einer marktwirtschaftlich vermittelten Primärverteilung[124] der Einkommen fest, kämen wir an einer massiven Besteuerung und Umverteilung höherer Einkommen nicht vorbei. Angesichts des hohen Umfangs der zu leistenden Einkommenstransfers wären Steuersätze von weit über 90 % im obersten Einkommensspektrum durchaus vorstellbar.[125]

Sozialprodukt qualitativ gestalten

Da wir die Grundbedürfnisse der Menschheit aus einem gedeckelten So-zialprodukt bedienen müssen, sollten wir dieses Sozialprodukt nach qualitativen Aspekten gestalten. Unser heutiges Sozialprodukt wird nämlich durch Güter aufgebläht, die wir streng genommen nicht brauchen, deren Produktion jedoch unheimlich viele Ressourcen und Senken bindet. Als Beispiele für gesellschaftlich relativ unnütze Produktion wurden bereits die Werbeindustrie, die Rüstungsindustrie, die Raumfahrt, die Unterhaltungs-industrie und der Luxussektor genannt. Eine Welt mit weniger Werbung, weniger Waffen, ohne Marsmissionen und ohne Stratosphärensprünge wäre gewiss kein schlechterer Ort. Viele von uns könnten wahrscheinlich auch auf Massenspielware, Mega-Events und aufwendige Multimediaprodukti-onen verzichten. Ein Leben ohne Luxusgüter fiele niemandem schwer, der Luxus nie gekannt hat. Alle anderen müssten akzeptieren, dass die Grund-versorgung der Weltbevölkerung mit Bedarfsgütern im Zweifel Vorrang vor ihren persönlichen Statusbedürfnissen und Bequemlichkeiten hat. Ergän-zend möchte ich zuletzt noch die Einsparpotenziale im Transportbereich erwähnen. Würden wir Produktions- und Tauschprozesse lokal und regi-onal organisieren, entfielen etliche internationale und interkontinentale Transportwege. Anstelle der exportorientierten Spezialisierung könnte als Leitbild zur Ausrichtung nationaler und regionaler Wirtschaftsräume die autarke Versorgung treten. Um wie viel geringer würde die Belastung unse-rer Ressourcen und Senken wohl ausfallen, könnten wir auf einen Großteil des globalen Frachtverkehrs verzichten?

Bevölkerungskontrolle enttabuisieren

Sollte das ökologisch zulässige Sozialprodukt trotz optimaler qualitativer Zusammensetzung und trotz Einsatz ressourceneffizienter Produktionstech-nik nicht ausreichen, um allen Menschen eine Mindestversorgung mit den als nötig definierten Bedarfsgütern zu ermöglichen, bliebe als letzter Ausweg nur noch die Bevölkerungskontrolle. Leider ist sie weitgehend tabuisiert. Dabei trägt das Bevölkerungswachstum zur prekären Lage unseres Planeten mindestens ebenso massiv bei wie das maßlose Konsumverhalten in den Industriestaaten. Das beweist die unten abgebildete Zeitreihe: Anders als man es vielleicht vermuten würde, hat sich der ökologische Fußabdruck des durchschnittlichen Weltbürgers zwischen 1961 und 2011 kaum wesentlich erhöht. Mit einer Schwankungsbreite zwischen 2,4 und 2,8 Hektar pro Person blieb die jährliche Naturnutzung trotz globalen Wirtschaftswachstums über all die Jahrzehnte hinweg relativ konstant.

Schaubild 5.2: Bevölkerung, ökologischer Fußabdruck und Biokapazität 1961-2011

	1961	1970	1980	1990	2000	2011
globale **Bevölkerung** in Milliarden	3,1	3,7	4,4	5,3	6,1	6,9
ökologischer **Fußabdruck** in Hektar	2,4	2,8	2,8	2,7	2,5	2,7
globale **Biokapazität** in Hektar	3,7	3,1	2,6	2,3	2	1,7
Relation Fußabdruck/ Biokapazität	0,6	0,9	1,1	1,2	1,3	1,6

Quelle: Global Footprint Network: National Footprint Account results (2015 Edition) und eigene Berechnung

Der technologische Effizienzfortschritt kann hierfür nur eine Teilerklärung sein. Die tragfähigere Erklärung ist diejenige, dass sich das globale Wirtschaftswachstum wegen gleichzeitigen Bevölkerungswachstums in relativ geringerem Maße als Pro-Kopf-Wachstum darstellt. Während der globale Verbrauch natürlicher Ressourcen *insgesamt* seit Jahrzehnten massiv steigt (siehe Schaubild 1.9 auf Seite 36), wächst der Pro-Kopf-Verbrauch natürlicher Ressourcen allenfalls moderat, weil sich eben im gleichen Zeitraum auch die Weltbevölkerung mehr als verdoppelt hat. Die höhere Ressourcenmenge wird also einfach durch eine höhere Bevölkerungszahl geteilt, weshalb die Pro-Kopf-Nutzung bei zunehmender Beanspruchung der Biokapazität in etwa konstant bleibt. Oder anders ausgedrückt: Wenn sich bei gleichbleibender Pro-Kopf-Naturnutzung mehr als doppelt so viele Menschen denselben Lebensraum teilen, ergibt sich eine mehr als doppelte Belastung der Biokapazität als logisch zwingende Konsequenz.

Ich denke darum, dass wir das heiße Eisen »Bevölkerungskontrolle« bei aller gebotenen Vorsicht unbedingt anpacken müssen. Zwar bin ich mir dessen bewusst, dass die meisten Menschen es nachvollziehbarerweise als anmaßend empfänden, würde man ihnen gesetzlich vorschreiben, wie viele Kinder sie maximal zeugen dürften. Und natürlich bin ich mir dessen bewusst, welche sozialen Implikationen damit verbunden wären, denen man entsprechend Rechnung tragen müsste: kleinere Familien, höhere Zahl von Einzelkindern, veränderte Erziehungsstile, relativ älter werdende Gesellschaft – alles Dinge, die wir schon jetzt im relativ geburtenschwachen Europa erleben und die China infolge seiner erst kürzlich beendeten Ein-Kind-Politik erlebt. Andererseits: Wenn sich Fische in einem Teich unkontrolliert vermehren, wird es irgendwann nicht nur richtig eng, früher oder später sterben sie an Nahrungsmangel. Der Teich wächst eben nicht mit. Solange auch unsere Erde nicht wächst und die Besiedelung außerirdischer Planeten Technikutopie bleibt, geht es uns nicht anders als den Fischen. Eine kluge Spezies sollte lernen, sich in Grenzen zu organisieren, sobald diese erreicht sind.

Was ein multilateraler Regulierungsansatz leisten kann – und was nicht

Um möglichen Missverständnissen vorzubeugen, sei am Ende dieses Kapitels noch ein Wort zum Verhältnis verloren, in dem ich die hier entwickelten wirtschaftspolitischen Vorschläge zu anderen Ansätzen der Armutsbekämpfung und des Naturschutzes sehe. Die in diesem Kapitel entworfenen Leitlinien eines »globalen Armuts- und Ökologiemanagements« machen die lokale und regionale Entwicklungszusammenarbeit einschlägiger Organisationen nämlich keineswegs überflüssig und können diese auch überhaupt nicht ersetzen. Einen sauberen Brunnen zu errichten, eine Dorfschule zu unterhalten, Kranke zu pflegen, Hilfe zur Selbsthilfe zu leisten, Bevölkerung und Öffentlichkeit aufzuklären, Entscheidungsträger wachzurütteln und menschliche Beziehungen aufzubauen sind und bleiben nach wie vor die konkreten Stützpfeiler im alltäglichen Kampf gegen Armut und Umweltzerstörung. Die globale Regulierung von Ressourcen, Sozialprodukt, Einkommen und Bevölkerung darf insofern nur als *zusätzliches* und *komplementäres* Ziel in einem größeren Rahmen verstanden werden. Es muss zugleich aber eben auch als *unabdingbares* und *notwendiges* Ziel erkannt und verfolgt werden, damit sich die konkrete Projektarbeit nicht fortwährend innerhalb kontraproduktiver globaler Strukturen erschöpft.

Die eigentliche Botschaft, die in diesem Kapitel permanent mitschwingt, ohne bislang explizit ausgesprochen worden zu sein, richtet sich also gar nicht an die lokal engagierten NGOs und Entwicklungshelfer, sondern an die Architekten eben jener kontraproduktiven Weltwirtschaftsstrukturen: an die großen Akteure der internationalen Wirtschafts- und Entwicklungspolitik, an die großen Weltwirtschafts- und Entwicklungsorganisationen, an die Ausrichter elitärer Gipfeltreffen und Foren und an die Protagonisten von Spitzenpolitik und internationaler Diplomatie. Deren Makroansatz, Armut durch weltweites Wachstum beseitigen und dem Schutz unserer natürlichen Lebensgrundlagen mit halbherziger Treibhausgasreduktion nachkommen zu wollen, klingt vor dem Hintergrund der in diesem Buch und speziell in diesem Kapitel herausgearbeiteten Zusammenhänge geradezu absurd. Hier kann es kein Nebeneinander und keine komplementäre Ergänzung beider Strategien geben, sondern nur eine Ablösung der einen durch die andere. Die Botschaft ist damit klar: Nicht im Wachstum auf breiter Front, sondern in der *Begrenzung* und in der *Verteilung* liegen die notwendigen wirtschafts- und entwicklungspolitischen Orientierungspunkte für multilaterale Kooperationen im 21. Jahrhundert.

6) Überlegungen zur ethischen Dimension wirtschaftspolitischer Regulierung

Das letzte Kapitel ist einigen ethischen Fragen gewidmet, die sich aus der im vorigen Kapitel geforderten Regulierung von Sozialprodukt, Einkommensströmen und Bevölkerungszahl ergeben. Es geht um Freiheit, Gerechtigkeit und Glückseligkeit.

Politische Regulierung und individuelle Freiheit – ein Widerspruch?

Ein politisch begrenztes Sozialprodukt, politisch verfügte Mindesteinkommen und vorgeschriebene Geburtenraten – ist das alles noch mit individuellen Freiheitsrechten vereinbar? Während ein typischer Liberaler diese Frage entschieden verneinen würde, möchte ich zeigen, warum ein solcher Widerspruch, wenn überhaupt, nur vordergründig besteht. Wenn wir Sozialprodukt, Einkommensströme und Bevölkerungszahl politisch regulieren, werden die meisten Menschen nach meiner festen Überzeugung freier sein, als sie es bislang sind. Was auf den ersten Blick paradox erscheint, löst sich auf, wenn man den Freiheitsbegriff differenziert versteht. Philosophen unterscheiden zwischen negativer und positiver Freiheit.

Negative Freiheit definieren sie als Freiheit »von etwas«, nämlich in erster Linie als Freiheit von äußeren Zwängen. Ein Mensch ist im negativen Sinne frei, wenn er nicht bevormundet, unterdrückt oder eingesperrt wird. Er darf seine Meinung frei äußern, seinen Kleidungsstil frei wählen, seine Hobbys nach Belieben ausüben und sein Einkommen so verwenden, wie er es möchte. Der persönliche Freiraum ist also durch die Abwesenheit von Einschränkungen bestimmt. In diesem Sinne verwendet der klassische Liberalismus den Freiheitsbegriff.

Positive Freiheit knüpft an diesen Freiheitsbegriff an und geht über ihn hinaus. Sie bezeichnet eine Freiheit »zu etwas«, nämlich in erster Linie zur umfangreichen Nutzung des negativ konstituierten Freiraums. Ein Mensch ist erst dann auch im positiven Sinne frei, wenn er über das Potenzial verfügt, sein äußerlich uneingeschränktes Dasein aktiv zu gestalten. Über die bloße Erlaubnis hinaus, seine Meinung frei äußern zu dürfen (negative Freiheit), verfügt ein positiv freier Mensch auch über *Mittel und Wege*, seiner Meinung Gehör zu verschaffen. Über die bloße Erlaubnis hinaus, die Verwendung seiner Einkommen und die Auswahl seiner Hobbys frei zu bestimmen, verfügt ein positiv freier Mensch auch über die nötigen *Einkommen*, seine Hobbys und Konsumwünsche zu realisieren. Wer im *positiven* Sinne frei ist, kann die Möglichkeiten, die sich ihm bieten, nutzen. Wer nur im *negativen* Sinne frei ist, dem mögen zwar sämtliche Türen offen stehen, mangels verfügbarer Mittel kann er aber niemals durch diese Türen hindurchtreten.

Wenn ich mir die Verwendung des Freiheitsbegriffs im Alltag anschaue, gewinne ich den Eindruck, dass wir Freiheit vorwiegend im negativen Sinne verstehen. Verschärft der Staat zum Beispiel die Steuersätze und das Ausmaß von Transferleistungen, dauert es nicht lange, bis sich die Ersten über einen Anschlag auf ihre persönlichen Freiheitsrechte empören. Konfrontieren uns die Zeitungen hingegen mit Statistiken, wonach jeder sechste Bürger wegen zu geringer Einkommen vom »normalen« gesellschaftlichen Leben ausgeschlossen ist, käme kaum jemand auf die Idee, eine Freiheitsberaubung an den Betroffenen zu vermuten. Die Betroffenen mögen »arm« und deshalb bemitleidenswert sein – »unfrei« sind sie in unserem üblichen Sprachgebrauch nicht. Schließlich verbietet den Menschen ja niemand, ins Kino oder ins Restaurant zu gehen. Im Gegenteil: Es steht den Betroffenen *frei*, einen anderen oder einen zusätzlichen Job zu suchen, um ihre Einkommenssituation aufzubessern. So kann jeder eigenverantwortlich »nach seinem Glück streben«, wie es in der amerikanischen Verfassung heißt. Reichtumserwerb ist aus dieser Perspektive heraus eben Privatsache.

Alltagssichtweisen wie diese wären nicht weiter problematisch, wenn tatsächlich die realistische Chance bestünde, dass jeder, der das möchte, sich die zur Realisierung seiner Konsumwünsche benötigten Mittel eigenverantwortlich aneignen kann. Nun wird unter dem Stichwort »mangelnde Chancengleichheit« schon seit Längerem, und zwar zu Recht, an dieser Prämisse gezweifelt. Mit der Bedingung einer begrenzten Naturnutzung gerinnt dieser Zweifel aber zu einer endgültigen Gewissheit. Auf einem endlichen Planeten beschneidet das negative Freiheitsrecht auf ungehinderte Mehrung persönlichen Reichtums nämlich aus *logisch zwingenden* Gründen die positiven Rechte anderer. Je mehr Ressourcen die einen aufwenden, umso weniger bleiben ja dann für die anderen übrig.

Stellen wir uns zur besseren Veranschaulichung des Zusammenhangs vor, ein Kindergärtner würde eine Gruppe von Kindern in einen eng abgesteckten Sandkasten schicken und jedem Kind das *negative* Freiheitsrecht zugestehen, so viele und so große Sandburgen zu bauen, wie es ihm beliebt. Schon bald würden die stärksten, listigsten oder aggressivsten Kinder hohe Burgen errichtet haben, während die schwächeren oder zurückhaltenderen Kinder mit leeren Eimerchen dastünden. Je mehr Kinder sich im Sandkasten tummelten, desto schärfer würden die Konflikte ausgetragen. Wollte der Kindergärtner seinen Kindern *positive* Freiheitsrechte einräumen, müsste er jedem Kind vorab ein Minimum an Sand garantieren. Bestenfalls achtete er auch auf eine begrenzte Klassengröße. Das »Streben nach hohen Sandburgen« bliebe dann nicht länger »Privatsache« der Kinder, sondern würde der Regulierungsbefugnis einer übergeordneten Autorität (nämlich der des Kindergärtners) übertragen.

Wenn wir uns auf der Erde nicht wie die sprichwörtlichen Kinder im Sandkasten aufführen wollen, müssen auch wir regulierend eingreifen und die Gewährleistung positiver Freiheitsrechte zur öffentlich regulierten Angelegenheit machen. Dazu brauchen wir eine Deckelung und Umverteilung hoher Einkommen und eine Kontrolle der Geburten. Auf diese Weise beschnitten wir zwar negative Freiheitsrechte, was insbesondere der reichsten Bevölkerungsminderheit schadete. Gerade diese Beschneidung der Minderheit ermöglichte der breiten Bevölkerungsmehrheit aber erst ein Leben in materieller Sicherheit und Würde – mit realistischen Chancen zur gesellschaftlichen Teilhabe und mit realistischen Chancen zur Entfaltung ihrer

Lebenspläne. In Summe betrachtet würde der Freiheitsgrad der Menschheit darum nicht gesenkt, sondern gesteigert.

Darf der Staat den Wohlhabenden ihr Geld wegnehmen?
Zum Mythos vom hart erarbeiteten Reichtum

Positive Freiheit hin oder her – die meisten Menschen würden eine massive Besteuerung ihrer Einkommen wahrscheinlich dennoch ablehnen. Vermutlich empfänden sie die politisch erzwungene Umverteilung ihrer Einkünfte schlichtweg als ungerecht und skandalös. Schließlich nähme man ihnen damit ja etwas weg, was ihnen eigentlich zustünde. Denn wer würde schon von sich selbst behaupten, dass er sein Geld zu Unrecht besitze und man ihn höher besteuern möge?[126] Was man verdient, so sagt es schon das Wort »verdient«, das soll man auch behalten dürfen. Doch warum ist das eigentlich so? Woher speist sich eigentlich die Vorstellung von der Legitimität unserer Einkommen? Wodurch glauben wir, unser Geld tatsächlich *verdient* zu haben? Oder anders formuliert: Warum empfinden wir es als unfair, wenn der Staat uns unser Geld zu großen Teilen abnimmt?

Hinter der Überzeugung, persönliche Einkommen stünden einem zu, vermute ich eine emotional tief verwurzelte Haltung, wonach privater Reichtum deshalb behalten werden darf, weil er vermeintlich *hart erarbeitet* wurde. Viele Menschen empfinden es als Unrecht, Einkommen zu hohen Anteilen an den Staat oder an Dritte abtreten zu müssen, weil sie der inneren Überzeugung sind, diese Einkommen *durch Leistung* erworben zu haben. Zwar will ich gar nicht abstreiten, dass dies im Einzelfall so sein mag, und ich will auch gar nicht leugnen, dass viele das aus persönlicher Erfahrung zu Recht so empfinden mögen. Ich weigere mich jedoch anzuerkennen, dass der Zusammenhang zwischen privatem Reichtum und individueller Arbeitsleistung im Großen und Ganzen für die Gesamtgesellschaft gilt. Weltweit, aber auch innerhalb der westlichen Industrienationen, sehe ich vielmehr Massen von Menschen, die fleißig schuften, ohne auch nur annähernd ein Vermögen bilden zu können. Umgekehrt sehe ich eine schmale gesellschaftliche Minderheit, deren Reichtum ein Ausmaß annimmt, das unmöglich in einem proportionalen Verhältnis zu der von ihr geleisteten Arbeitsleistung stehen kann. Dass persönlicher Reichtum eine unmittelbare Folge eigener Arbeitsleistung sei, beruht, so lautet meine These, in den allermeisten Fällen auf einem fatalen Irrtum. Weil dieser Irrtum so weit verbreitet und in unreflektierter Weise von nahezu jedermann geglaubt wird, will ich ihn als modernen *Mythos* bezeichnen. Selbst die Wissenschaft, die es ja eigentlich besser wissen müsste, scheint vom Mythos des »hart erarbeiteten Reichtums der Reichen« tief durchdrungen. Noch einmal zitiere ich aus dem einflussreichen Einführungswerk *Grundzüge der Volkswirtschaftslehre* von Gregory Mankiw, das wir im ersten Kapitel bereits an mehreren Stellen herangezogen haben:

> »Wenn die Regierung Einkommen von den Reichen zu den Armen umverteilt, senkt sie die Entlohnung für harte Arbeit [sic!], weshalb Leute wiederum weniger arbeiten und weniger Güter produzieren.«[127]

Diesen Satz lesen Jahr für Jahr Zehntausende Studierende an unseren Universitäten, und zwar gleich im ersten Kapitel. Es ist auch bei dreimaligem Nachlesen wirklich kaum zu glauben, was den jungen Leuten hier eingeimpft wird. Nicht nur, dass die Reichen angeblich durch harte Arbeit reich geworden seien, sondern auch, dass Geld einen derart ausschlaggebenden Arbeitsanreiz darstelle und ferner staatliche Umverteilung den Gesamtwohlstand einer Volkswirtschaft senke. Angesichts solch undifferenzierter Aussagen, mehr Ideologie als Wissenschaft, verkündet in einem der meistgelesenen Standardlehrwerke überhaupt, wundert es nicht, dass wir die wesentlich vielschichtigeren Ursachen privaten Reichtums verdrängt haben. Im Folgenden möchte ich darum unbedingt an diese Ursachen erinnern. Eine seriösere wissenschaftliche Betrachtung kann es uns erlauben, die Frage, inwiefern den Reichen ihre Einkommen tatsächlich zustehen, weniger ideologiebehaftet zu beantworten. Nur auf der Basis wissenschaftlich belastbarer Hypothesen lässt sich ein tragfähiges Urteil darüber bilden, inwiefern eine nachträgliche Umverteilung eben dieser Einkommen im moralischen Sinne legitim sein kann oder nicht.

Beginnen möchte ich mit zwei Statistiken. Die erste Statistik (Schaubild 6.1)[128] zeigt die Verteilung der Arbeitseinkünfte nach verschiedenen sozialen Schichten. Die verschiedenen Schichten sind in der linken Spalte der Tabelle dargestellt: ganz oben die Superreichen (das reichste Prozent der Bevölkerung), darunter die Reichen und Superreichen zusammengenommen (die reichsten 10 Prozent der Bevölkerung), sodann die Mittelschicht (die nächsten 40 Prozent der Bevölkerung) und schließlich das »einfache« Volk inklusive der Ärmsten (die ärmsten 50 Prozent der Bevölkerung). In der mittleren und rechten Spalte kann man ablesen, welcher Anteil an den gesamten in der Volkswirtschaft gezahlten Löhnen und Gehältern sowie an den gesamten Einkommen aus selbstständiger Arbeitstätigkeit auf die genannten sozialen Schichten in Europa beziehungsweise in den USA durchschnittlich entfällt.

Schaubild 6.1: Verteilung der Arbeitseinkommen in Europa und den USA in 2010

	Europa	USA
Anteil des reichsten Prozent der Bevölkerung (Superreiche) an den gesamten Arbeitseinkommen der jeweiligen Volkswirtschaft	7 %	12 %
Anteil der reichsten 10% der Bevölkerung (Superreiche und Reiche) an den gesamten Arbeitseinkommen der jeweiligen Volkswirtschaft	25 %	35 %
Anteil der nächsten 40% der Bevölkerung (Mittelschicht) an den gesamten Arbeitseinkommen der jeweiligen Volkswirtschaft	45 %	40 %
Anteil der unteren 50% der Bevölkerung („einfaches" Volk und Arme) an den gesamten Arbeitseinkommen der jeweiligen Volkswirtschaft	30 %	25 %

Quelle: Piketty Thomas: Das Kapital im 21. Jahrhundert, München 2014, S. 326

Wie man den Zahlen entnehmen kann, erhalten die Superreichen in Europa ein Siebenfaches des Durchschnittseinkommens der Bevölkerung, in den USA sogar ein Zwölffaches.[129] Ginge es nach Leistung und Fleiß, würde das bedeuten, dass Angehörige dieser Bevölkerungsgruppe in Europa siebenmal und in den USA zwölfmal fleißiger und besser arbeiteten als der Bevölkerungsdurchschnitt. Im Vergleich zum »einfachen Arbeiter« und zu den Unterschichten, die in Europa nur 60 Prozent und in den USA nur 50 Prozent des jeweiligen Durchschnittseinkommens beziehen,[130] verdient ein Superreicher in Europa mehr als elf- und in den USA sogar 24-mal so viel.[131] Hier stellt sich ein erstes Mal die Plausibilitätsfrage: Ist es realistisch anzunehmen, dass einzelne Menschen nicht nur doppelt oder dreimal, sondern 24-mal besser und fleißiger arbeiten als andere? Und ist es plausibel anzunehmen, dass die Oberschicht in den USA fleißiger arbeitet als diejenige in Europa beziehungsweise dass die Unterschicht auf der einen Seite des Atlantiks fauler ist als auf der anderen? Meines Erachtens weisen die hohen Einkommensdifferenzen innerhalb und zwischen den beiden Wirtschaftsräumen eher auf die Existenz anderer verteilungsrelevanter Faktoren institutioneller oder kultureller Art hin.

Die zweite Statistik (Schaubild 6.2)[132] ist ähnlich angelegt wie die erste, zeigt aber dennoch etwas anderes. Während sich die erste Statistik allein auf Einkommen aus Arbeit beschränkte, betrachtet die zweite Statistik die Verteilung von Vermögen. Damit sind konkret Sachwerte oder Geldanlagen gemeint, die ihrerseits ebenfalls ein Einkommen abwerfen, aber eben kein Arbeitseinkommen wie Löhne, Gehälter oder Einkommen aus selbstständiger Arbeit, sondern Besitzeinkommen wie zum Beispiel Zinsen (von Sparbüchern oder Anleihen), Dividenden (aus Aktienbesitz) oder Mieten (von Immobilien). Die Zahlen dieser zweiten Tabelle enthalten somit diejenigen Vermögensbestände, die ihre Besitzer unter anderem aus den kumulierten Besitzeinkünften und den gesparten Arbeitseinkommen der Vergangenheit aufbauen konnten.

Wie man der Tabelle eindeutig entnehmen kann, stellt sich die Ungleichverteilung hier um einiges größer dar. Dem reichsten Prozent der Europäer gehört allein ein Viertel des gesamten Vermögens des Kontinents, in den USA besitzen die Superreichen sogar ein Drittel des nationalen Vermögens. Die reichsten 10 Prozent vereinen auf beiden Seiten des Atlantiks über die Hälfte des jeweiligen volkswirtschaftlichen Gesamtvermögens auf sich: In Europa sind es 60 Prozent, in den USA sogar 70 Prozent, also über zwei Drittel. Des Weiteren fällt auf, dass die untere Hälfte der Bevölkerung weder in Europa noch in den USA überhaupt über ein nennenswertes Ver-

Schaubild 6.2: Vermögensverteilung in Europa und den USA in 2010

	Europa	USA
Anteil des reichsten Prozent der Bevölkerung (Superreiche) am gesamten Vermögen der jeweiligen Volkswirtschaft	25 %	35 %
Anteil der reichsten 10% der Bevölkerung (Superreiche und Reiche) am gesamten Vermögen der jeweiligen Volkswirtschaft	60 %	70 %
Anteil der nächsten 40% der Bevölkerung (Mittelschicht) am gesamten Vemögen der jeweiligen Volkswirtschaft	35 %	25 %
Anteil der unteren 50% der Bevölkerung („einfaches" Volk und Arme) am gesamten Vermögen der jeweiligen Volkswirtschaft	5 %	5 %

Quelle: Piketty Thomas: Das Kapital im 21. Jahrhundert, München 2014, S. 327

mögen verfügt. So kommt es, dass ein superreicher Europäer das 25fache Vermögen eines europäischen Durchschnittsbürgers und das 250fache Vermögen eines »einfachen« europäischen Arbeiters besitzt.[133] Der superreiche US-Amerikaner freut sich sogar über ein Vermögen, welches das nationale Durchschnittsvermögen um ein 35Faches übersteigt und das Vermögen eines US-amerikanischen Unterschichtsangehörigen um den Faktor 350 in den Schatten stellt.[134]

Auch hier stellt sich wieder die Plausibilitätsfrage: Steht diese Vermögensverteilung in einem eindeutig proportionalen Verhältnis zur Arbeitsleistung der jeweiligen Bevölkerungsgruppen? Oder sind kumulierte Besitzeinkünfte wie Zinsen, Dividenden und Mieten nicht schon per Definition leistungslose Einkünfte, die einfach denjenigen zufließen, die viel Eigentum haben?

Vielleicht müssen wir die zweite Statistik sogar noch revidieren. Es gibt nämlich gute Gründe anzunehmen, dass sie die tatsächlichen Verteilungsverhältnisse stark verharmlost. Denn ein gewisser Prozentsatz des faktischen Vermögensbesitzes der Wohlhabenden bleibt bei den hier angegebenen, auf administrativen Dokumenten[135] basierenden Zahlen unberücksichtigt. Gerade Superreiche verstecken Teile ihres Vermögens oftmals auf vielfältige

Weise, um es einer Besteuerung zu entziehen. Finanzvermögen[136] bunkern sie auf Offshore-Inseln, auf geheimen Nummernkonten oder in schwarzen Kassen. Solcherart »verstecktes« Vermögen ist für Statistiker nicht erfassbar. Das »Tax Justice Network«[137] schätzt die Ungleichverteilung der weltweiten Vermögen darum noch stärker ein, als offizielle Statistiken sie ohnehin schon ausweisen. Gemäß seiner Schätzung besaßen im Jahr 2007 allein 90.000 Menschen (das waren 0,001 Prozent der Weltbevölkerung) 30 Prozent des gesamten Finanzvermögens der Erde. Fasst man die Gruppe der reichsten Menschen etwas größer, ergibt sich ein Anteil von 81 Prozent am globalen Finanzvermögen für nur 0,1 Prozent der Weltbevölkerung (das waren im Referenzjahr 2007 etwa 8 Millionen Menschen). Für die restlichen 99,9 Prozent der Menschheit blieben 2007 nur noch 19 Prozent des globalen Finanzvermögens übrig. Eine aktuellere Studie der NGO Oxfam[138] geht für 2016 von ähnlich schwindelerregenden Zahlen aus. Demnach wird das reichste Prozent der Weltbevölkerung bald ein höheres Gesamtvermögen[139] halten als 99 Prozent der übrigen Menschheit zusammengenommen. Stellen wir ein letztes Mal die Plausibilitätsfrage: Wenn ein Prozent der Menschheit höhere Vermögen besitzt als die restliche Menschheit, also als 99 Prozent der Menschheit zusammengenommen, kann das dann ernsthaft auf Arbeitsleistung zurückzuführen sein? Kann denn *ein* Mensch alleine besser und fleißiger arbeiten als *99 Menschen* zusammen?

Eigentlich müsste der Blick auf solche Statistiken genügen, um die These vom »hart erarbeiteten Reichtum der Reichen« auf einen Schlag als absurd zu entlarven. Dennoch hält sie sich erstaunlich wacker, selbst unter Ökonomen. Versuchen wir es darum zusätzlich mit einer theoretischen Widerlegung. Immerhin hat die These vom »hart erarbeiteten Reichtum der Reichen« ja einen wahren Kern. Denn tatsächlich basiert aller Reichtum auf Arbeit – nämlich insoweit, als wir Menschen *mittels Arbeitskraft* natürliche Rohstoffe derart umformen, dass wir am Ende die von uns gewünschten Güter erhalten. Nichts anderes meinte Marx, als er von der Erde und dem Arbeiter als »Springquellen allen Reichtums« sprach.[140] Auch persönlicher Reichtum basiert demnach immer auf Arbeitsleistung, allerdings – und das ist entscheidend – *nicht zwingend auf der eigenen*. Unseren Reichtum produzieren wir arbeitsteilig. Millionen von Menschen beteiligen sich gemeinsam an volkswirtschaftlichen Produktionsprozessen und backen zusammen den berühmten metaphorischen »Kuchen«, nämlich das BIP, dessen Stücke sie anschließend untereinander verteilen. Einige Menschen erhalten dabei ein Vielfaches dessen, was sie mittels eigener Arbeitsanstrengung jemals herzustellen in der Lage sind. Bildlich gesprochen verzehren sie mehr vom Kuchen, als sie zu seiner Entstehung beitragen. Andere hingegen backen unermüdlich, kriegen am Ende aber nur ein paar Krümel. Ich zähle Beispiele auf:

Das jährliche Gehalt des portugiesischen Fußballstars Cristiano Ronaldo belief sich 2014 auf etwa 18 Millionen Euro.[141] Das waren 1,5 Millionen Euro im Monat, knapp 350.000 Euro pro Woche und fast 50.000 Euro am Tag – ein großes Stück Kuchen.

Eine typische Näherin aus der 2013 eingestürzten Textilfabrik *Rana Plaz in* Bangladesch verdiente bis dato um die 80 Euro monatlich – unter schlimmsten Arbeitsbedingungen und Repressionen.[142] Ein Monatslohn von 80 Euro entspricht etwa 2,60 Euro am Tag – ein winziger Krümel.

Der infolge des Abgasskandals zurückgetretene VW-Vorstandschef Martin Winterkorn verdiente 2014 etwa 15,9 Millionen Euro. Das war zwar gut eine Million weniger als im Rekordjahr 2011, reichte aber dennoch für ein stattliches Monatsgehalt von 1,3 Millionen Euro und einen Tagessatz von über 43.500 Euro.[143]

Eine typische deutsche Kindergärtnerin kommt auf einen monatlichen Bruttolohn von 2.700 Euro.[144] Etwas weniger verdient ein typischer Altenpfleger.

Susanne Klatten, die reichste Frau Deutschlands, Tochter des Industriellen Herbert Quandt und dessen Frau Johanna Quandt, verfügt über ein geschätztes Vermögen in Höhe von 16,3 Milliarden US-Dollar.[145] Dieses Vermögen repräsentiert die im Laufe ihres Lebens angehäuften Einkommen (inklusive Erbschaften und Schenkungen) abzüglich ihrer Konsumausgaben. Um auf diese Summe zu kommen, müsste eine Kindergärtnerin rein rechnerisch 450.000 Jahre lang arbeiten.[146]

Der mehrfach preisgekrönte Dokumentarfilm *Darwin's Nightmare*[147] zeigt Fischer aus Tansania, die mit Netzen in Gewässer steigen, in denen sich auch Krokodile befinden. Die Entlohnung der Fischer liegt beim Existenzminimum.

Fassen wir zusammen: Ein Manager verdient über 450-mal mehr als eine Kindergärtnerin, und ein Fußballstar verdient ungefähr 19.000-mal mehr als eine Näherin. Nach welchen Kriterien wird hier eigentlich verteilt?

Wo Arbeitsfleiß die enormen Ungleichheiten nicht rechtfertigt, greifen Gegner staatlicher Umverteilung gerne auf alternative Erklärungsansätze wie »Verantwortung« und »Risikobereitschaft« zurück. Doch überzeugen diese Begründungen? Wer trägt eigentlich das höhere Risiko: der deutsche Konzernmanager oder der afrikanische Fischer, der in Krokodilgefilden nach Beute taucht? Und wer trägt eigentlich mehr Verantwortung: die Unternehmerin oder die Kindergärtnerin, der wir das Wertvollste anvertrauen, was wir haben?

Die Wahrheit ist, dass die Einkommensverteilung in einem marktwirtschaftlich organisierten System zunächst einmal zwei simplen Faktoren gehorcht: Angebot und Nachfrage. Je konkurrenzloser und begehrter die Fähigkeiten eines Arbeitnehmers sind, umso höhere Löhne erzielt er am Arbeitsmarkt. Je konkurrenzloser und begehrter die Produkte eines selbstständigen Unternehmers sind, desto höhere Erlöse erzielt er am Gütermarkt. Der Fußballer verdient mehr als der Handballer, weil Fußball populärer ist (hohe Nachfrage), und nicht, weil er mehr leistet. Bill Gates ist Milliardär geworden, weil er Produkte anbot (MS-DOS/Windows), die relativ konkurrenzlos auf eine riesige Nachfrage stießen, und nicht, weil er härter schuftete als eine Näherin. Inzwischen hat sich Bill Gates übrigens aus seiner unternehmerischen Tätigkeit zurückgezogen und verdient trotzdem noch genauso viel wie vorher.[148] Nun könnte man einwenden, dass dies ja nichts Schlimmes sei. Ronaldo und Gates bringen eben ein besonderes Talent mit und wissen es richtig einzusetzen. Warum gönnen wir ihnen nicht einfach ihren Erfolg?

Das Problem liegt darin, dass der Reichtum von Ronaldo und Gates eine unmittelbare Kehrseite hat. Drehen wir den Spieß doch einmal um: Eine Näherin verdient wenig, weil sie kein besonderes Talent hat und eigentlich jede andere Frau genauso fähig wäre, ihre Arbeit auszuführen (hohes Konkurrenzangebot). Zugleich ist die Nachfrage nach Näherinnen begrenzt. So mag eine Näherin tagtäglich bis zur absoluten Erschöpfung nähen – dank der Gesetze von Angebot und Nachfrage bleiben ihr am Monatsende nur 80 Euro.

Der Marktmechanismus belohnt also durchaus Arbeitsleistung, allerdings nur solche, die auf hohe Nachfrage trifft und nicht von jedermann erbracht werden kann. Die Belohnung fällt dann über alle Maßen hoch aus. Hierfür tragen auf der anderen Seite all jene die Kosten, die sich zwar tagtäglich krummlegen mögen, deren Angebot aber entweder austauschbar oder einfach nicht begehrt genug ist: der bemitleidenswerte Fischer, der unter Lebensgefahr in den Viktoriasee steigt, der weise Philosoph, für dessen Weisheiten niemand zahlt, der virtuose Jazzmusiker, der von der Hand in den Mund lebt, weil die Leute lieber Helene Fischer hören, und der tüchtige Minenarbeiter, der sich für einen Hungerlohn kaputtschuftet, weil er weiß, dass sein Chef ihn jederzeit gegen einen Arbeitslosen ersetzen kann.[149]

Verlassen wir den marktwirtschaftlichen Privatsektor, gelten die Gesetze von Angebot und Nachfrage freilich nicht mehr. Im öffentlichen Sektor werden die Menschen nach Maßgabe gesetzlich festgelegter Kriterien bezahlt. Typische Einflussfaktoren auf die Gehaltshöhe können zum Beispiel die Anzahl geleisteter Dienstjahre, das Diplom oder der Dienstgrad sein. In anderen Fällen werden Löhne verhandelt. Auch im öffentlichen Dienst wird die Bezahlung der Menschen nicht immer leistungsgerecht sein. Extreme Ungleichheiten wie der Markt kreiert der Staat aber üblicherweise nicht. Der deutsche Bundespräsident, Spitzenverdiener im öffentlichen Sektor, erhält 217.000 Euro brutto pro Jahr.[150] Im Vergleich zu Ex-VW-Chef Winterkorn nimmt sich das doch ziemlich bescheiden aus.

Zu den Einkommen aus Arbeitstätigkeit, gleich ob von Arbeitnehmern, selbstständigen Unternehmern oder Staatsbediensteten erwirtschaftet, gesellen sich zu einem erheblichen Teil leistungslose Besitzeinkünfte, die logischerweise nur denjenigen zufließen, die etwas besitzen, womit sie Geld verdienen können. Zu dieser erlesenen Bevölkerungsgruppe darf sich in der industrialisierten Welt allenfalls jeder zweite Bürger zählen, wobei genau genommen nur jeder fünfte bis zehnte Bürger auch wirklich Vermögen in einer relevanten Höhe besitzt (siehe Schaubild 6.2 auf Seite 118). All diese Menschen beziehen mitunter beträchtliche Einkünfte, ohne dafür auch nur irgendetwas leisten zu müssen – sie bekommen das Geld einfach deshalb, weil sie über rentables Kapital verfügen. Konkret handelt es sich bei diesem Kapital um Immobilien (aus denen man Mieten beziehen kann), um Anteile von Unternehmen (die Dividende abwerfen) oder einfach um beträchtliche Summen an Geld (welche, in Anleihen oder auf Sparbüchern angelegt, Zinseinnahmen ermöglichen). Die Einkünfte aus Kapitalbesitz solcher Art belaufen sich in unseren Breitengraden zurzeit auf etwa 25 bis 30 Prozent der Gesamteinkommen und weisen seit Jahrzehnten eine steigende Tendenz auf.[151] Dabei fließt aufgrund der extrem ungleichen Verteilung eben jenes Kapitals (siehe wiederum Schaubild 6.2 auf Seite 118) der Großteil dieser Einkünfte in die Taschen der obersten zehn Prozent und dort insbesondere in die Taschen des obersten ein Prozent.

Die Höhe von Mieten, Unternehmensgewinnen und Marktzinsen wird ihrerseits ebenfalls durch die Verhältnisse von Angebot und Nachfrage, namentlich auf den Wohnungs-, auf den Güter- und auf den Finanzmärkten, mitbestimmt. Doch die Arbeit, durch welche die entsprechenden Einkünfte generiert werden, erwirtschaften die Anbieter in diesem Fall nicht selbst – und das ist ein wesentlicher Unterschied zum Arbeitsmarkt. Was die Kapitaleigentümer verdienen, müssen per Definition *andere* erarbeiten, zum Beispiel die Mieter, die abhängig Beschäftigten, die Schuldner oder die Konsumenten. Hierzu genügt an dieser Stelle ein Fallbeispiel, nämlich das der Zinseinkünfte:[152]

Die oben erwähnte Unternehmerin Susanne Klatten, geborene Quandt, »verdiente« 1990 jeden Tag 650.000 DM an Zinsen. Inflationsbereinigt entspräche das heute einer Summe von etwa 550.000 Euro (Stand: November 2015). Das klingt geradezu unglaublich: Jeden Tag über eine halbe Million Euro mehr auf dem Konto, ohne dafür arbeiten zu müssen. Woher stammt das Geld, mit dem solche Zinseinkünfte bezahlt werden? Der tägliche Zinsstrom zugunsten Vermögender wird mehr oder weniger unbemerkt von Tausenden von Arbeitseinkünften abgezwackt. Schauen wir uns hierzu nur eine von vielen möglichen Varianten an. Stellen wir uns vor, Frau Klatten erhalte das Geld von einer Bank. Stellen wir uns weiter vor, dieselbe Bank habe Investitionskredite an einen großen Konzern vergeben. Die Konzernleitung wird nun mit den Kreditzinsen als Kostenfaktor kalkulieren. Die Zinslast wird in die Preise eingerechnet, sodass jeder Kunde nicht nur die Dividende der Aktionäre, sondern auch die Zinslast des Bankkredits und damit Frau Klattens Zinseinkünfte indirekt mitfinanziert. Um die Kosten für ihre kreditfinanzierte Investition andernorts einzusparen, wird die Konzernleitung außerdem ein Interesse an niedrigen Löhnen haben. Stellen wir uns konkret einen Bekleidungskonzern mit Niederlassungen in Bangladesch vor. Dann mag es etwas leichter fallen zu verstehen, warum zwischen der Unterbezahlung der Näherinnen und der »Überbezahlung« einer Susanne Klatten ein weiterer Zusammenhang besteht. Im gleichen Jahr 1990 heiratete die geborene Susanne Quandt übrigens ihren Ehemann Jan Klatten. Dieser hatte bis dato als Angestellter 4.600 DM brutto monatlich verdient (das wären heute fast 3.900 Euro).[153] Um die *täglichen* Zinseinkünfte seiner Frau zu erwirtschaften, hätte jener Jan Klatten *zwölf Jahre* lang arbeiten müssen. Oder anders ausgedrückt: 4.380 Normalverdiener wie Jan Klatten hätten 1990 an jedem einzelnen Tag ihre täglichen Arbeitseinkommen vollständig an Susanne Klatten abgeben müssen. Der Zinsmechanismus gleicht einer ungeheuerlichen Ausbeutungsmaschine, die vor allem deshalb ungestört funktioniert, weil sie weit verzweigt, kaum sichtbar, statistisch nicht erfasst und noch dazu von Wissenschaft und Öffentlichkeit tabuisiert ist.[154]

Verweilen wir noch einen Moment beim Fall Klatten, um einen weiteren Einflussfaktor auf die interpersonale Verteilung deutlich zu machen. Wie kam Susanne Klatten eigentlich an das Vermögen, das ihr zu täglichen Zinseinnahmen in Höhe von einer halben Million Euro verhalf?[155] Antwort: Durch ihre Eltern. Mit 20 Jahren erbte sie das Milliardenvermögen ihres

Vaters Herbert Quandt (1910–1982), darunter Anteile der Firma BMW. Herbert Quandt selbst hatte das Glück, seine Unternehmerkarriere in der Fabrik seines Vaters Günter Quandt (1881–1954) starten zu können. Dieser wiederum wurde schon mit 30 Jahren Miteigentümer der Tuchfabrik seines Vaters Emil Quandt (1849–1925). Und Emil Quandt gelangte in Besitz der Tuchfabrik, nachdem er mit Hedwig Draeger die Tochter des ursprünglichen Eigentümers Johann Friedrich Ludwig Draeger heiratete. Die Familie Quandt ist ein Paradebeispiel dafür, wie Vermögen über Generationen weitergegeben werden – durch Erbschaft, durch Schenkung und durch die richtigen Kontakte. Während andere bei null anfangen, haben die Kinder reicher Eltern einfach nur das Glück gehabt, als Gewinner aus der »Eierstock-Lotterie« hervorgegangen zu sein. Der Begriff »Eierstock-Lotterie« stammt übrigens nicht von mir, sondern von der Investorenlegende Warren Buffet, laut Forbes-Ranking mit einem Vermögen von rund 70 Milliarden US-Dollar drittreichste Privatperson der Welt.[156] In einer Talkrunde soll Buffet geäußert haben, dass sein Vermögen weit mehr auf Glück als auf Verdienst beruhe: »Ich habe die Eierstock-Lotterie gewonnen; dazu kamen Amerika als glücklicher Geburtsort und die Zinseszinsen.«[157]

Ein letzter wichtiger Einflussfaktor auf die interpersonale Verteilung ist die gewaltsame Aneignung. Wenngleich sie in unserem heutigen Alltagsleben nur noch selten vorkommt, erscheint sie im historischen Rückblick mithin als die größte Ursache persönlichen Reichtums. Wie viele Sklaven mussten leiden, damit wenige Adlige ihrem Luxus frönen konnten? Wie viele Menschen mussten sterben, damit das kolonial-imperialistische Europa die Reichtümer anderer Erdteile an sich reißen konnte? Und wie viele Indianer lebten einst dort, wo sich heute Grundbesitz weißer Amerikaner befindet? Auch das Quandt-Vermögen beruht zum Teil auf gewaltsamer Ausbeutung. Die NSDAP-Mitglieder Günther und Herbert Quandt beschäftigten in ihren Werken bis zu 50.000 Zwangsarbeiter. Herbert Quandt hielt auf seinem Landgut sogar private Zwangsarbeiter. In einer Batteriefabrik der Quandts bei Hannover arbeiteten neben Zwangsarbeitern auch KZ-Häftlinge, die auf dem Firmengelände unter SS-Aufsicht interniert wurden. Trotz Schwerstarbeit wurden sie systematisch unterernährt, drangsaliert und misshandelt.[158]

»Es ist ungerecht, wenn der Staat wohlhabenden Menschen ihren Besitz entreißt. Schließlich haben sie hart dafür gearbeitet!« – So oder so ähnlich denken viele, wenn man sie mit der Forderung nach einer massiven Besteuerung und Umverteilung von Einkommen konfrontiert. Ich hoffe, es ist mir gelungen, dieses Denken als ein fatales Fehlurteil zu entlarven. Denn zuallererst ist der Reichtum der meisten Reichen selbst ungerecht. Er basiert in weit höherem Maße auf Aneignung fremder Arbeitsleistung als auf eigenem Arbeitsfleiß. Die politisch erzwungene Umverteilung jenes Reichtums ist weder skandalös noch unverschämt, sondern bemüht sich im Gegenteil um eine nachträgliche Korrektur des skandalösen und unverschämten Superreichtums einiger weniger. Aus ethischer Perspektive müsste man sogar über die Einkommen (= *Zustrom* an Geld und Sachwerten) hinaus auch die Vermögen (= *Bestand* an Geld und Sachwerten) umverteilen. Nur so ließe sich der unrechtmäßige Reichtumserwerb *vergangener* Jahre und Jahrzehnte korrigieren.

Die Frage der politischen Durchsetzbarkeit: Was hindert uns daran, die benötigte Regulierungspolitik einzuführen?

Die Regulierung von Sozialprodukt, Einkommensströmen und Bevölkerungszahl mag nachweisbar gerecht sein und den Grad unserer (positiven) Freiheit steigern, politisch umsetzbar ist sie dafür noch lange nicht. Auf dem Weg zu ihrer Implementierung sind drei Hürden zu überwinden. Die erste liegt relativ niedrig, die beiden anderen liegen extrem hoch.

Hürde 1: Probleme technisch-organisatorischer Art

Praktikable Verfahren zur Durchführung regulierender Wirtschaftspolitik sollten sich finden lassen. Am wenigsten Kopfzerbrechen dürfte die Besteuerung und Umverteilung von Einkommen (und ggf. Vermögen) bereiten. Hier müssten eigentlich nur die Ausmaße und die räumliche Anwendungsbreite gegenwärtiger Verteilungssysteme angepasst werden (Stichwort »globale Umverteilung«). Ein funktionierendes Umverteilungssystem setzte außerdem Transparenz und Kontrolle voraus. Geheime Bankkonten,

Offshore-Inseln[159] und dergleichen mehr gehörten verboten. Stattdessen bedürfte es einer Meldepflicht für jegliche Einkommen. Das alles wäre verfahrenstechnisch kein großes Problem. Problematisch wäre allein die politische Durchsetzung (dazu später mehr).

Als technisch unproblematisch dürfte sich ferner die qualitative Gestaltung des Sozialprodukts erweisen. Genauso, wie der Staat per Gesetz das Betreiben von Kernkraftwerken oder Walfangbooten verbieten kann, könnte er in Zukunft den Rüstungskonzernen, der Raumfahrtindustrie, der Werbeindustrie, Teilen der Unterhaltungsindustrie sowie dem Luxussektor den Garaus machen.

Schwieriger würde sich indes die Stärkung regionaler Produktions- und Tauschketten gegenüber dem internationalen Handel gestalten. Entgegen dem aktuellen Zeitgeist müssten wir vielleicht wieder über Zölle, Ein- und Ausfuhrkontingente und Ähnliches mehr nachdenken. Sobald weite Handelswege unlukrativ würden, hätten die Menschen nämlich einen starken Anreiz, sich autark und regional zu organisieren.

Die größte praktische Schwierigkeit dürfte vermutlich die Berechnung maximaler Naturnutzungsgrenzen für Tausende von verschiedenen Ressourcen und verschiedenartigen Senken mit all ihren lokalen Besonderheiten bereiten. Ich habe bereits erwähnt, dass solche Berechnungen letztlich nur unscharf sein können. Notwendig sind sie dennoch. Schwierig wird es außerdem sein, im Anschluss an solche Berechnungen das Sozialprodukt zu deckeln. Man darf sich das natürlich nicht so vorstellen, als erließe die Regierung ein Gesetz, wonach plötzlich nur noch 1.000 Autos, 10.000 Pullover und 100 Tonnen Getreide produziert werden dürfen. Als eleganter und praktikabler erwiesen sich sogenannte Lizenzverfahren:[160] Statt maximale Gütermengen vorzugeben, bräuchte die betreffende Behörde bloß den maximal erlaubten Umfang bekannt zu geben, in dem zum Beispiel Kohle abgebaut oder Bäume gefällt werden dürften. Wer dann Kohle abbauen oder Bäume fällen wollte, müsste bei der zuständigen Behörde eine entsprechende Lizenz erwerben. Dürften zum Beispiel innerhalb eines bestimmten Gebietes maximal 100 Hektar Fichtenwald im Jahr gefällt werden, könnte die Behörde für dieses Gebiet 100 Lizenzen zum Fällen je eines Hektars vergeben. Natürlich könnte sie die Lizenzen auch beliebig anders stückeln (10 Lizenzen zum Fällen von je 10 Hektar und so weiter). Der große Vorteil dieses Verfahrens bestünde darin, dass sie dem Lizenzeigentümer selbst die Entscheidung überließe, was er (im Rahmen des gesetzlich Erlaubten) mit seinen Ressourcen produzieren möchte. Hierdurch könnte der Verwaltungsaufwand bei gleichzeitiger Steigerung des unternehmerischen Freiheitsgrades gesenkt werden.

Hürde 2: Widerstrebende Interessen und Machtstrukturen

Während die technisch-organisatorischen Probleme im Prinzip lösbar scheinen, dürfte die zweite Hürde in absehbarer Zeit kaum zu überwinden sein: Die reiche Minderheit dieser Erde hat keinerlei Interesse an Umverteilung und Verzicht, stellt zugleich aber die Personengruppe mit der größten politischen Macht dar. Die Armen verfügen demgegenüber weder über die nötige Macht noch über das kritische Bewusstsein, die gegenwärtigen Verhältnisse zu ändern.

Hinzu kommen die spezifisch nationalstaatlichen Interessen, die im Widerspruch zur Notwendigkeit einer multilateralen Kooperation stehen. Schaut man sich die zahlreichen Kriege und Konflikte auf diesem Globus an, kann man sich beim besten Willen kaum vorstellen, wie und wann sich die Menschheit jemals zu einer wirklich funktionierenden »Global Governance«[161], geschweige denn zu einem »Global Government«[162] durchringen wird. Es bleibt die Hoffnung, dass zumindest innerhalb begrenzter und bereits etablierter regionaler Strukturen (zum Beispiel innerhalb der OECD oder der EU) ein Richtungswechsel angeschoben werden kann.

Hürde 3: Festgefahrene Gewohnheiten und Mentalitäten

Eine Welt ohne Armut und Umweltzerstörung forderte von den reichen Erdenbürgern eine völlig andere Lebensführung. Einen eigenen Neuwagen zu besitzen oder Urlaub in fernen Ländern zu verbringen, käme in einer solchen Welt womöglich einem ungewöhnlichen Privileg gleich. Individualtransport würde in erster Linie per Car-Sharing erfolgen und Urlaube würden eher in der eigenen Region verbracht. Statt langlebige Konsumprodukte nach kurzer Zeit wegzuschmeißen, um sie durch aktuellere Modelle zu ersetzen, hegten und pflegten die Menschen ihre materielle Grundausstattung wie einen Schatz: Möbel, Computer, Fernseher und Musikanlagen, Kinderspielzeug, Babyausstattung, Fahrräder, Werkzeug und vieles andere mehr erführen eine ganz andere Wertschätzung. Angesichts des begrenzten Sozialprodukts und der absoluten Priorität der globalen Grundversorgung wären all diese scheinbar profanen Dinge wertvolle Luxusgüter. Was wir *gegenwärtig* für Luxus halten, ächteten die Menschen indessen als das, was es ganz nüchtern und radikal betrachtet auch ist: asozial. Der extreme Reichtum der vermögenden Minderheit kann eben leider nur auf Kosten weit verbreiteter Armut und zerstörter Biokapazität existieren. Wir müssen unsere Denk- und Lebensgewohnheiten deshalb dahingehend ändern, Status und Reichtum nicht länger für erstrebenswert zu halten. Wir müssen lernen, das Materielle loszulassen. Unseren Drang nach Fortentwicklung könnten wir stattdessen im sozialen und/oder im geistigen Bereich ausleben. Es braucht gewiss mehrere Generationen, vielleicht auch existenzielle Zivilisationskrisen, um solch einen Mentalitätswandel zu vollziehen.

Ein Mutmacher: Warum weniger mehr sein kann

Vieles deutet darauf hin, dass eine bescheidenere Lebensweise nicht nur dem Umweltschutz und der Armutsbekämpfung, sondern auch unserem tiefen Wunsch nach Glückseligkeit dienlich wäre. Antike Philosophen wie die Kyniker, die Stoiker und die Epikureer[163], moderne Philosophen wie Arthur Schopenhauer[164], Psychoanalytiker wie Erich Fromm[165] und Religionsstifter wie Buddha,[166] Jesus[167] oder Mohammed[168] haben allesamt darauf hingewiesen, dass wahres Glück weniger im materiellen Besitz als vielmehr in der Geistes- und/oder Herzenskraft zu finden sei. In seinen *Aphorismen zur Lebensweisheit* mutmaßt etwa Schopenhauer:

»Großer Überfluss vermag wenig zu unserem Glück [...]. Dennoch aber sind die Menschen tausendmal mehr bemüht, sich Reichtum, als

Geistesbildung zu erwerben; während doch ganz gewiss was man ist viel mehr zu unserm Glücke beiträgt, als was man hat.«[169]

In eine ähnliche Richtung äußert sich Erich Fromm:

»Der moderne Mensch hat viele Dinge und gebraucht viele Gegenstände, aber er ist sehr wenig. Seine Gefühle, seine Denkvorgänge sind zurückgebildet wie untrainierte Muskeln. Er hat vor allen sozialen Veränderungen Angst [...].«[170]

Im Matthäus-Evangelium finden wir eine weitere Absage an das materielle Streben:

»Sammelt keine Schätze hier auf der Erde! Denn ihr müsst damit rechnen, dass Motten und Rost sie zerfressen oder Einbrecher sie stehlen. Sammelt lieber Schätze bei Gott. Dort werden sie nicht von Motten und Rost zerfressen und können auch nicht von Einbrechern gestohlen werden. Denn euer Herz wird immer dort sein, wo ihr eure Schätze habt. Aus dem Auge leuchtet das Innere des Menschen: Wenn dein Auge klar blickt, ist deine ganze Erscheinung hell; wenn dein Auge durch Neid oder Habgier getrübt ist, ist deine ganze Erscheinung finster. – Wie groß muss diese Finsternis sein, wenn statt des Lichtes in dir nur Dunkelheit ist!«[171]

Dass in den Ansichten der Gelehrten und Prediger eine tiefere Weisheit zu stecken scheint, legen auch empirische Forschungen jüngeren Datums nahe. Unter Anwendung sozialwissenschaftlicher Umfragetechniken bemüht sich die sogenannte »Glücksforschung« darum, die Determinanten menschlichen Glücksempfindens zu ermitteln. Unter anderem fanden die Glücksforscher heraus,

• dass die Beschäftigung mit Religion und Spiritualität glücklicher macht;[172]

- dass arme Menschen mit steigendem Wohlstand zwar glücklicher werden, reiche Menschen jedoch kaum noch (Sättigungseffekt);[173]

- dass Menschen sich schnell an Reichtumszuwächse gewöhnen (Gewöhnungseffekt). Wohlstandserhöhungen steigern das Glücksempfinden demnach nur kurzfristig, vermitteln aber keine anhaltende Zufriedenheit, weil wir den zusätzlichen Reichtum bald als Norm betrachten. So bewirkt der Gewöhnungseffekt, dass wir bald schon wieder mehr haben wollen, um das verloren gegangene Glücksgefühl zurückzugewinnen;[174]

- dass das höhere Glücksniveau reicherer gegenüber ärmeren Menschen sich weniger aus ihrem absoluten Besitz herleitet, sondern vielmehr aus ihrem Bewusstsein, anderen überlegen zu sein. Jenes Statusbedürfnis generiert ähnlich dem Gewöhnungseffekt ein unersättliches Streben, denn sobald unser Umfeld mehr besitzt als wir selbst, empfinden wir unsere für sich genommen unveränderte Lebenssituation plötzlich als unbefriedigend;[175]

- dass die aktuell in den westlichen Industriegesellschaften lebende Generation trotz ihres wesentlich höheren Pro-Kopf-Reichtums nicht glücklicher ist, als die Generation ihrer Eltern es vor Jahrzehnten war;[176]

- dass das Pflegen sozialer Kontakte[177], aktive demokratische Teilhabe[178] sowie ein gesundes und stressfreies Leben[179] dem Glücksempfinden förderlich sind. Eine Gesellschaft, die ihren Mitgliedern dank eingeschränkter Produktionstätigkeit und Arbeitszeitverkürzung entsprechende Freiräume böte, lieferte hierfür gewiss bessere Voraussetzungen als unser wachstumsfixiertes System der 40Stunden-Woche;

- dass Menschen, die viel fernsehen, unglücklicher sind.[180] Das liegt unter anderem an der vielen Werbung, die materialistische Werte vermittelt und Vergleiche mit wohlhabenden Idolen und Schönheiten provoziert, die dem Zuschauer ein Gefühl der eigenen Minderwertigkeit aufdrängen.[181]

Die Ergebnisse der modernen Glücksforschung lassen darauf schließen, dass
wir Menschen in eine Falle tappen, wenn wir glauben, unser Glücksempfinden durch materiellen Reichtumserwerb dauerhaft steigern zu können.
Zwar brauchen wir für unser Zufriedensein einen auskömmlichen Lebensstandard. Darüber hinaus ist der Einfluss des Materiellen auf unser Glück
jedoch trügerisch. Wohlstandsgewinne wirken höchstens kurzfristig und
führen uns ähnlich einer Droge in eine verhängnisvolle Abhängigkeit. Tiefe
Zufriedenheit – so viel steht fest – stiftet wachsender Reichtum nicht.

Noch ein Mutmacher: Vom menschheitshistorischen Nutzen utopischen Denkens

Es liegt auf der Hand, dass die von mir geforderten Veränderungen utopisch
sind. Leider befinden wir uns aber in einem Dilemma. Armut, Ungleichheit
und Umweltzerstörung sind systembedingt. Mit sogenannten realistischen,
das heißt systemkonformen Maßnahmen, werden wir diese Missstände deshalb nicht beheben können.[182] Einem Dilemma haftet der unangenehme
Zwang an, dass man sich entscheiden muss. Und egal wofür man sich entscheidet – immer gibt es einen Haken. Insofern haben wir am Ende dieses
Buches die Qual der Wahl: Entweder halten wir, ob aus Überzeugung, aus
Angst, aus Bequemlichkeit, aus Fatalismus oder aus Egoismus, unter Inkaufnahme von Armut und Umweltzerstörung am Gegebenen und »Realistischen« fest. Oder wir riskieren, ohne Garantie auf Erfüllung und unter
Inkaufnahme radikaler gesellschaftlicher Umwälzungen, ein Engagement
für das Utopische.

Um nun niemanden resigniert zurückzulassen, möchte ich zum Schluss all
jenen Lesern Mut machen, die sich zum Utopischen hingezogen fühlen.
Bedenken Sie, dass vieles von dem, was uns heute als selbstverständlich
gilt, vor nicht allzu langer Zeit ebenfalls als utopisch galt. Wer hätte wohl
im Mittelalter ernsthaft geglaubt, es könne eines Tages einen laizistischen
Staat geben, in dem man ungestraft Gott leugnen und Jesus-Witze reißen
darf? Wer hätte sich im Zeitalter des Absolutismus auch nur ansatzweise
vorstellen können, dass Menschen eines Tages von nicht adeligen »Berufs-

politikern« regiert werden, die man wieder abwählen darf, sobald sie dem Volk missfallen? Und hätten die Gründerväter der Vereinigten Staaten von Amerika sich je ausmalen können, dass ihr 44. Präsident ein Schwarzer sein würde, gewählt bei gleichem Stimmrecht für alle Bürger, unabhängig von Geschlecht, Besitz und Rasse?

Der Ausspruch »Es ändert sich doch sowieso nichts!« ist einfach nicht wahr. Kaum etwas lässt sich leichter widerlegen als das. Es genügt ein flüchtiger Blick in die Geschichte. Hätte sich in den letzten 2.000 Jahren nichts geändert, würden wir heute immer noch den römischen Zirkus besuchen und hochamüsiert dabei zusehen, wie sich Sklaven und Kriegsgefangene gegenseitig ihre Gliedmaßen abtrennen, von wilden Tieren zerfetzt werden und sich vor Schmerzen die Seele aus dem Leib schreien. Im schlimmsten Fall wären wir selbst die Sklaven und Kriegsgefangenen und müssten die grausamen Torturen so lange ertragen, bis wir endlich das Bewusstsein verlören. Die Geschichte zeigt aber auch, dass sozialer Fortschritt nicht vom Himmel fällt. Er braucht Menschen, die über das Bestehende hinausdenken und für Verbesserungen eintreten. Nichts geht von heute auf morgen, Utopie braucht Geduld. Keime, die wir heute sähen, tragen vielleicht Generationen, vielleicht erst Jahrhunderte später ihre Früchte. Und selbst wenn es am Ende nichts damit wird: Das Gefühl, dem Wahnsinn entsagt und sich stattdessen für das ethisch Richtige engagiert zu haben, mag am Ende eine tiefere Genugtuung stiften als jegliches Streben nach Reichtum und Status.

Literaturverzeichnis

Altvater, Elmar: Eine andere Welt mit welchem Geld?, in: Wissenschaftlicher Beirat von Attac-Deutschland (Hrsg.): *Globalisierungskritik und Antisemitismus – Zur Antisemitismusdiskussion in Attac* (Reader Nr. 3), Frankfurt 2004.

Aristoteles: *Nikomachische Ethik*, Übersetzung und Nachwort von Franz Dirlmeier, Stuttgart 1969.

Aristoteles: *Politik. Schriften zur Staatstheorie*, übersetzt und herausgegeben von Franz F. Schwarz, Stuttgart 1989.

Bobzin, Hartmut: *Der Koran. Eine Einführung*, München 1999.

Brodbeck, Karl-Heinz: *Die fragwürdigen Grundlagen der Ökonomie. Eine philosophische Kritik der modernen Wirtschaftswissenschaften*, Darmstadt 2000.

Broer, Wolfgang: *Schwundgeld. Bürgermeister Michael Unterguggenberger und das Wörgler Währungsexperiment 1932/33*, Innsbruck/Wien/Bozen 2007.

Bucher, Anton: *Psychologie des Glücks. Ein Handbuch*, Weinheim 2009.

BUND; Misereor (Hrsg.): *Zukunftsfähiges Deutschland. Ein Beitrag zu einer global nachhaltigen Entwicklung*, Basel u. a. 1996.

CIA (Hrsg.): *The World Factbook 2015*, New York 2015.

Creutz, Helmut: *Das Geld-Syndrom. Wege zu einer krisenfreien Marktwirtschaft*, Aachen 2003.

Creutz, Helmut: *Das Geld-Syndrom 2012. Wege zu einer krisenfreien Wirtschaftsordnung*, Aachen 2014.

Daly, Herman: *Wirtschaft jenseits von Wachstum. Die Volkswirtschaftslehre nachhaltiger Entwicklung*, Salzburg/München 1999.

Deiss, Richard: *Der Nabel des Mondes und die Träne im Indischen Ozean: 333 Länderbeinamen und wie es zu ihnen kam*, Norderstedt 2008.

Deutsche Bank Research: BIP alleine macht nicht glücklich. Wohlergehen messen ist sinnvoll, aber schwierig, in: *Aktuelle Themen* 367, 4. Oktober 2006.

Dirzo, Rodolfo et al.: Defaunation in the Anthropocene, in: *Science* 345, Juli 2014.

Dürmeier, Thomas; v. Egan-Krieger, Tanja; Peuker, Helge (Hrsg.): *Die Scheuklappen der Wirtschaftswissenschaft. Postautistische Ökonomik für eine pluralistische Wirtschaftslehre*, Marburg 2006.

Ebner, Eduard: *Geschichte des Altertums*, hg. v. Staatsministerium für Unterricht und Kultus in München, Bamberg 1950.

Flassbeck, Heiner; Spiecker, Friederieke: Der Staat als Schuldner – Die Quadratur des Bösen, in: *Wirtschaftsdienst* 91, Juli 2011.

Food and Agriculture Organization of the United Nations (Hrsg.): *Global Forest Resources Assessment 2010. Main Report*, Rome 2010.

Food and Agriculture Organization of the United Nations (Hrsg.): *The State of Food Insecurity in the World. Strengthening the Enabling Environment to Improve Food Security and Nutrition*, Rome 2014.

Förderreuther, Max; Würth, Friedrich: *Aus der Geschichte der Völker*. 1. Band: *Altertum*, München 1909.

Frey, Bruno S.; Frey Marti, Claudia: *Glück. Die Sicht der Ökonomie*, Zürich 2010.

Friedrichs, Julia: *Gestatten: Elite – Auf den Spuren der Mächtigen von morgen*, Hamburg 2008.

Fromm, Erich: *Vom Haben zum Sein. Wege und Irrwege der Selbsterfahrung*, Weinheim 1990.

Gesell, Silvio: *Die natürliche Wirtschaftsordnung durch Freiland und Freigeld* (*Gesammelte Werke*, Band 11, 1920), Kiel 2007.

Global Footprint Network: *National Footprint Account Results* (2015 Edition), zum Download verfügbar unter der URL: www.footprintnetwork. org (Stand: November 2015).

Graeber, David: *Schulden. Die ersten 5000 Jahre*, Stuttgart 2012.

Heinrich, Michael: *Kritik der politischen Ökonomie*, Stuttgart 2007.

Huber, Joseph: *Nachhaltige Entwicklung. Strategien für eine ökologische und soziale Erdpolitik*, Berlin 1995.

Joffe, Joseph: Geben macht selig. US-Milliardäre stiften ihr Vermögen. Warum nicht die deutschen?, erschienen in: *Die ZEIT* Nr. 52/2010.

Jungbluth, Rüdiger: Das Buch zur Debatte. Was eine Studie über die NS-Geschichte der Familie Quandt zutage fördert, in: *Die ZEIT*, Nr. 39/2011.

Jungbluth, Rüdiger: *Die Quandts. Ihr leiser Aufstieg zur mächtigsten Wirtschaftsdynastie Deutschlands*, Frankfurt a. M. 2002.

Keynes, John Maynard: *Allgemeine Theorie der Beschäftigung, des Zinses und des Geldes* (1936), 9. Auflage, Berlin 2002.

Kornbluh, Peter: *CIA Acknowledges Ties to Pinochet's Repression. Report to Congress Reveals U. S. Accountability in Chile*, 19. September 2000.

Letelier, Orlando: The Chicago Boys in Chile. Economic Freedom's Awfull Toll, in: *The Nation*, 28. August 1976.

Lietaer, Bernard: *Mysterium Geld. Emotionale Bedeutung und Wirkungsweise eines Tabus*, München 2000.

Lührs, Hermann: Die blinden Flecken der Ökonomie und ihr chiffrierter Gehalt, in: *Zeitschrift für Geschichtswissenschaft* 1/2008.

Luks, Fred: *Die Zukunft des Wachstums. Theoriegeschichte, Nachhaltigkeit und die Perspektiven einer neuen Wirtschaft*, Marburg 2001.

Lyubomirsky, Sonja: *Glücklich sein. Warum Sie es in der Hand haben, zufrieden zu leben*, Frankfurt a. M. 2008.

Mankiw, Gregory: *Makroökonomik*, Stuttgart 2000.

Mankiw, Gregory; Taylor, Mark: *Grundzüge der Volkswirtschaftslehre*, Stuttgart 2012.

Marx, Karl: *Das Kapital. Kritik der politischen Ökonomie. Erster Band* (1867), Berlin 1985.

Massarrat, Mohssen; Bontrup, Heinz-J.: *Arbeitszeitverkürzung jetzt! 30-Stunden-Woche fordern!*, Bergkamen 2013.

Nicoll, Norbert: *Neoliberalismus. Ungleichheit als Programm*, Münster 2013.

Nienhaus, Lisa: *Die Blindgänger. Warum Ökonomen auch künftige Krisen nicht erkennen werden*, Frankfurt 2009.

Niessen, Frank: *Nachhaltigkeit, Kapitalismus und Demokratie. Über die politischen und ökonomischen Realisierungsbedingungen einer nachhaltigen Entwicklung*, Hamburg 2007.

Niessen, Frank: *Wegweiser Philosophie. Eine Orientierung für Einsteiger*, Stuttgart 2011.

OECD (Hrsg.): *Factbook 2014. Economic, Environmental and Social Statistics*, Paris 2014.

Ortlieb, Claus-Peter: Mathematisierte Scharlatanerie. Zur »ideologiefreien Methodik« der neoklassischen Lehre, in: Dürmeier, Thomas; v. Egan-Krieger, Tanja; Peuker, Helge (Hrsg.): *Die Scheuklappen der Wirtschaftswissenschaft. Postautistische Ökonomik für eine pluralistische Wirtschaftslehre*, Marburg 2006.

Oxfam (Hrsg.): *Working for the Few. Political Capture and Economic Inequality*, Oxford 2014.

Pfleiderer Otto: *Die Reichsbank in der Zeit der großen Inflation, die Stabilisierung der Mark und die Aufwertung von Kapitalforderungen*, Frankfurt a. M. 1976.

Piketty, Thomas: *Das Kapital im 21. Jahrhundert*, München 2014.

Piper, Nikolaus: Präzise, korrekt, nutzlos?, in: *Zeit der Ökonomen. Eine kritische Bilanz volkswirtschaftlichen Denkens (Zeitpunkte Nr. 3)*, Hamburg 1993.

Popper, Karl Raimund: Wider die großen Worte. Ein Plädoyer für intellektuelle Redlichkeit, in: *Die ZEIT* vom 24. September 1971.

Raza, Werner G.; Novy, Andreas (Hrsg.): *Nachhaltig reich – nachhaltig arm?*, Frankfurt a. M. 1997.

Reinhart, Carmen M.; Rogoff, Kenneth S.: *Dieses Mal ist alles anders. Acht Jahrhunderte Finanzkrise*, München 2013.

Reiser, Marius: »Selig die Reichen! – »Selig die Armen!« – Die Option Jesu für die Armut, in: *Erbe und Auftrag* 74/1998

Rousseau, Jean-Jacques: Abhandlung über den Ursprung und die Grundlagen der Ungleichheit unter den Menschen, in: ders.: *Kulturkritische und politische Schriften*, hg. v. Martin Fontius, Bd. 1, Berlin 1989.

Ruckriegel, Karlheinz: *Ergebnisse der Glücksforschung. Folgerungen für Politik und Unternehmen – ein Paradigmenwechsel. CRM-Monatsbrief*, Dezember 2006.

Schopenhauer, Arthur: *Aphorismen zur Lebensweisheit* (1851), Köln 2007.

Schopenhauer, Arthur: *Die Welt als Wille und Vorstellung. Zweiter Band, Ergänzungen zum ersten Buch* (1819), dtv-Ausgabe, München 2008.

Spehr, Christoph: *Die Ökofalle. Nachhaltigkeit und Krise*, Wien 1996.

Spehr, Christoph; Stickler, Armin: Morphing Zone – Nachhaltigkeit und postmodernes Ordnungsdenken, in: Raza, Werner G.; Novy, Andreas (Hrsg.): *Nachhaltig reich – nachhaltig arm?*, Frankfurt a. M. 1997.

Statistisches Bundesamt: *Volkswirtschaftliche Gesamtrechnungen, lange Reihen ab 1925*, Wiesbaden 2014.

Statistisches Bundesamt: *Volkswirtschaftliche Gesamtrechnungen, Inlandsproduktberechnung, lange Reihen ab 1970*, Wiesbaden 2015.

Statistisches Bundesamt: *Gemeinschaftsstatistik über Einkommen und Lebensbedingungen (EU-SILC)*, siehe URL: https://www.destatis.
de/DE/Zah
lenFakten/GesellschaftStaat/EinkommenKonsumLebensbedingungen/
LebensbedingungenArmutsgefaehrdung/Aktuell_Hauptindikatoren_
SILC.html (Stand: November 2015).

Stiftung Weltbevölkerung (Hrsg.): *Datenreport 2014. Soziale und demogra-
phische Daten weltweit*, Hannover 2014.

Tügel, Hanne: Die Große Illusion, in: *Geo* 07/2013.

Ulrich Peter: *Integrative Wirtschaftsethik. Grundlagen einer lebensdienlichen
Ökonomie*, Bern 2008.

United States Census Bureau (Hrsg.): *Income, Poverty, and Health Insurance
Coverage in the United States: 2013*, Washington D. C. 2014.

Wackernagel, Mathis; Beyers, Bert: *Der Ecological Footprint. Die Welt neu
vermessen*, Hamburg 2010.

Weizsäcker, Ernst Ulrich von; Lovins, Amory B.; Lovins, Hunter L.: *Faktor
Vier. Doppelter Wohlstand, halbierter Naturverbrauch. Der neue Bericht an
den Club of Rome*, München 1997.

WWF (Hrsg.): *Living Planet Report 2014*, London 2014.

WWF (Hrsg.): *Living Forests Report 2015*, Gland 2015.

Zinn, Karl Georg: *Jenseits der Marktmythen. Wirtschaftskrisen: Ursachen und
Auswege*, Hamburg 1997.

Zotz, Volker: *Mit Buddha das Leben meistern. Buddhismus für Praktiker*,
Reinbek bei Hamburg 2004.

Endnoten

1   Piketty, Thomas: *Das Kapital im 21. Jahrhundert*, München 2014, S. 52.

2   Ebenda, S. 53.

3   Dass etablierte Ökonomen ihre althergebrachten Denkmuster und Überzeugungen von sich aus kaum ändern werden, legt auch die Aussage eines Insiders nahe. Dennis Snower, renommierter Ökonom und Präsident des Instituts für Weltwirtschaft in Kiel, wird von der Wirtschaftsjournalistin Lisa Nienhaus mit folgenden Worten zitiert: »Es dauert lange, bis ein Ansatz, der total geherrscht hat, weicht. [...] Fortschritt geschieht meist, indem neue Wissenschaftler kommen und alte aussterben. Das stimmt mehr, als wir wahrhaben wollen.« Zitiert nach: Nienhaus, Lisa: *Die Blindgänger. Warum Ökonomen auch künftige Krisen nicht erkennen werden*, Frankfurt 2009, S. 152.

4   Keynes, John Maynard: *Allgemeine Theorie der Beschäftigung, des Zinses und des Geldes*, 9. Auflage, Berlin 2002, S. 323 f.

5   Erzählt nach Piper, Nikolaus: Präzise, korrekt, nutzlos?, in: *Zeit der Ökonomen. Eine kritische Bilanz volkswirtschaftlichen Denkens* (*Zeitpunkte* Nr. 3), Hamburg 1993, S. 5.

6   Mankiw, Gregory; Taylor, Mark: *Grundzüge der Volkswirtschaftslehre*, Stuttgart 2012, S. VIII.

7   Ebenda.

8   Vgl. Brodbeck, Karl-Heinz: *Die fragwürdigen Grundlagen der Ökonomie. Eine philosophische Kritik der modernen Wirtschaftswissenschaften*, Darmstadt 2000, insbesondere Kapitel 1 (»wissenschaftliche Voraussetzungen«) und Kapitel 2 (»soziale Physik«).

9   TINA steht als Abkürzung für »there is no alternative«. Der Ausdruck geht auf die ehemalige britische Regierungschefin Margaret Thatcher zurück, die ihre wirtschaftspolitischen Maßnahmen oftmals damit zu rechtfertigen pflegte, dass es zu denselben keine Alternative gebe, weil die ökonomischen Gesetzmäßigkeiten nun mal so seien. Vgl. Nicoll, Norbert: *Neoliberalismus. Ungleichheit als Programm*, Münster 2013, S. 117.

10 Vgl. Mankiw/Taylor, *Grundzüge*, S. 3.

11   Ebenda, S. 80.

12   So geschehen zum Beispiel im Thatcherismus, vgl. Nicoll, *Neoliberalismus*, S. 117.

13   Vgl. hierzu auch Ortlieb, Claus-Peter: Mathematisierte Scharlatanerie. Zur »ideologiefreien Methodik« der neoklassischen Lehre, in: Dürmeier, Thomas; v. Egan-Krieger, Tanja; Peuker, Helge (Hrsg.): *Die Scheuklappen der Wirtschaftswissenschaft. Postautistische Ökonomik für eine pluralistische Wirtschaftslehre*, Marburg 2006.

14   Die meisten Ökonomen vermögen zwar brillant zu schließen, nach meiner Einschätzung mitunter aber nur schwach zu urteilen. Urteilen bedeutet, die Erfahrung, das Empirische, das Reale, richtig zu erkennen und in abstraktes, reflektiertes und begrifflich gefasstes Wissen abzuspeichern. Urteilen bezieht sich also auf die Realität. Formuliert ein Ökonom *ausgehend von der Beobachtung* menschlichen Verhaltens die Annahme, höhere Löhne steigerten die Arbeitsbereitschaft, dann fällt er damit ein Urteil. Ein *gelungenes* Urteil fasst die Realität *richtig* auf und übersetzt die anschauliche Erfahrung *treffend* in gedankliche Systeme. Ein *misslungenes* Urteil fasst die Realität *falsch* auf und übersetzt die anschauliche Erfahrung in *unzutreffende* gedankliche Systeme. Schließen bedeutet, logisch zwingende *Ableitungen aus diesen Grundurteilen* vorzunehmen. Der Bezug zur erfahrbaren Realität findet an dieser Stelle schon nicht mehr statt, weil der Ausgangspunkt des Schließens nicht im anschaulichen Erkennen, sondern bereits im abstrakten Wissen, nämlich bei einem abgespeicherten Urteil liegt. Behauptet ein Ökonom eine zwingende Kausalität zwischen steigendem Lohn und steigender Arbeitslosigkeit, dann zieht er möglicherweise logische *Schlüsse* aus der *Grundannahme*, wonach Menschen bei höheren Löhnen mehr arbeiten wollen. Das zugrunde liegende Urteil selbst wird hier nicht weiter hinterfragt, es ist beim Schließen vorab gegeben. Die Basis, die Grundlage, das Wichtigste aller Wissenschaften muss darum das Urteilen sein. Sind die Urteile falsch, sind auch die Schlüsse aus denselben nutzlos. Allein in den Urteilen – das betonte schon der Philosoph Schopenhauer – liegt daher die ganze Schwierigkeit: »Schließen ist leicht, urteilen schwer. Falsche Schlüsse sind eine Seltenheit, falsche Urteile an der Tagesordnung.« Schopenhauer, Arthur: *Die Welt als Wille und Vorstellung. Zweiter Band, Ergänzungen zum ersten Buch* (1819), dtv-Ausgabe, München 2008, S. 105.

15   Die Geldemission seitens der EZB erfolgt entweder über sogenannte »Offenmarktgeschäfte« oder über »ständige Fazilitäten«. In beiden Fällen wird den Geschäftsbanken neues Geld in der Regel gegen Rücklage von Wertpapieren zur Verfügung gestellt, und zwar für einen befristeten Zeitraum. Zum vereinbarten Termin nehmen die Geschäftsbanken die hinterlegten Wertpapiere dann gegen Rückzahlung des von der EZB bereitgestellten Geldes zuzüglich einer Zinszahlung wieder zurück. Die Unterschiede zwischen den verschiedenen Instrumenten der Geldemission liegen meistens in der Zinshöhe, im Umfang, in der Laufzeit, in der Regelmäßigkeit und anderen konkreten Modalitäten der Geldvergabe. Allen Instrumenten gemeinsam ist die Tatsache, dass das Geld faktisch nur verliehen, niemals endgültig überlassen wird. Einen Sonderfall bilden die sogenannten »endgültigen Käufe« im Rahmen der Offenmarktgeschäfte. Hier kauft die EZB Wertpapiere *endgültig*, das heißt ohne Rückkaufsvereinbarung. In diesem Fall kommt neues Geld in Umlauf, das nicht zwingend zurückgezahlt werden muss und dementsprechend auch nicht verzinst werden muss. Umgekehrt verschwindet dieses Geld wieder, sobald die EZB beschließt, die betreffenden Wertpapiere wieder zu verkaufen (ebenfalls endgültig). Wenngleich diesem Instrument im Zuge der Staatsschuldenkrise und Deflationsbekämpfung seitens der EZB mehr Gewicht gegeben wurde (man denke etwa an das OMT-Programm vom 9. März 2015 im Umfang von über einer Billion Euro), stellt es im Euroraum doch eher eine außerordentliche Maßnahme dar. Sofern das Geld in erster Linie den Geschäftsbanken zufließt, bleibt es außerdem nur bis zu dieser Station schuldfreies Geld. Von den Geschäftsbanken zum Publikum gelangt dieses Geld ja in der Regel wiederum durch Kredite, es sei denn, auch die Geschäftsbanken kaufen damit Wertpapiere oder andere Aktiva.

16 Mankiw, Gregory: Makroökonomik, Stuttgart 2000, S. 207.

17 Am 26. Mai 1922 wurde dem Reichskanzler mit dem sogenannten Autonomiegesetz die Befugnis zur Leitung der Reichsbank entzogen und allein dem Reichsbankdirektorium übertragen. Und selbst in der Zeit davor handelte die Reichsbank nach eigenen Angaben *faktisch* unabhängig vom Einfluss der regierenden Politiker. Im Verwaltungsbericht der Reichsbank für 1922 unterstreicht das Direktorium, dass »kaum jemals, weder vom Reichskanzler noch von sonst einer Reichsinstanz, auf das Reichsbankdirektorium ein Druck in Richtung auf eine Beeinflussung seiner Geschäfts- und Kreditpolitik ausgeübt worden sei.« Zitiert nach Pfleiderer, Otto: *Die Reichsbank in der Zeit der großen Inflation, die Stabilisierung der Mark und die Aufwertung von Kapitalforderungen*, Frankfurt a. M. 1976, S. 160

18 Siehe für eine entsprechende Initiative die Website www.monetative.de (Stand: November 2015).

19 So zum Beispiel bei Mankiw/Taylor, *Grundzüge*, S. 767 ff.

20 Zur Erklärung der beiden Begriffe siehe Endnote 15.

21 Die Ersparnisse dürften in diesem Fall freilich nicht verzinst werden, ansonsten bestünde langfristig die Gefahr eines zinseszinsbedingten »automatischen«
Anwachsens der Ersparnisse und damit eines dramatischen Auseinanderklaf-
fens zwischen Geldvermögen und Geldschulden (siehe hierzu Kapitel 3).
Doch hätten die Sparer ohne Zinsen überhaupt noch einen Anreiz, zeitweilig
auf ihr Geld zu verzichten, um es via Banken an Dritte auszuleihen? Man
könnte argumentieren, dass es neben dem Zins noch andere gute Gründe gibt,
auf Bargeldhaltung zu verzichten, etwa das Sicherheitsbedürfnis (Schutz vor
Diebstahl des Geldes, sichere Aufbewahrung bei der Bank) oder einfach die
Einsicht in die Sinnhaftigkeit einer Verleihung für produktive Zwecke. Sollten
derlei Motive nicht genügen und ökonomische Anreize vonnöten sein, könnte man als Alternative zum Zins über eine kleine Gebühr für bar gehaltenes
Geld nachdenken (historisches Anschauungsmaterial in diese Richtung bietet
beispielsweise das »Schwundgeld« von Wörgl, dokumentiert unter anderem
bei Broer, Wolfgang: *Schwundgeld. Bürgermeister Michael Unterguggenberger
und das Wörgler Währungsexperiment 1932/33*, Innsbruck/Wien/Bozen 2007).
Man entginge der Gebühr, sobald man sein überschüssiges Geld in einer Bank
deponierte, um es zeitweise Kreditnehmern zu überlassen.

22 Für eine ausführliche Diskussion vgl. Niessen, Frank: *Nachhaltigkeit, Kapitalismus und Demokratie. Über die politischen und ökonomischen Realisierungsbedingungen einer nachhaltigen Entwicklung*, Hamburg 2007, S. 54 ff.

23 Mankiw/Taylor, *Grundzüge*, S. 652.

24 Ebenda, S. 653.

25 Für ähnliche und weitere Beispiele vgl. Tügel, Hanne: Die Große Illusion, in:
Geo 07/2013, S. 65 ff.

26 Vgl. Luks, Fred: *Die Zukunft des Wachstums. Theoriegeschichte, Nachhaltigkeit
und die Perspektiven einer neuen Wirtschaft*, Marburg 2001, S. 207.

27 Spehr, Christoph: *Die Ökofalle. Nachhaltigkeit und Krise*, Wien 1996, S. 40.

28 Piketty, *Kapital*, S. 118.

29 Für eine weiterführende, fundiertere Betrachtung siehe im folgenden Kapitel den Abschnitt »Wir brauchen mehr Wachstum« sowie meine Veröffentli-
chung: Niessen, *Nachhaltigkeit*.

30 Das Gesetz zur Förderung der Stabilität und des Wachstums der Wirtschaft
vom 8. Juni 1967, umgangssprachlich auch »Stabilitätsgesetz« genannt, fixiert
vier makroökonomische Hauptziele: Preisniveaustabilität, einen hohen Be-

schäftigungsstand, ein außenwirtschaftliches Gleichgewicht und ein *angemessenes und stetiges Wirtschaftswachstum.*

31 Die einzigen mir bekannten Strömungen, die es mit den Wachstumsgrenzen ernst meinen, sind die Suffizienzstrategien (z. B. BUND; Misereor (Hrsg.): *Zukunftsfähiges Deutschland. Ein Beitrag zu einer global nachhaltigen Entwicklung,* Basel u. a. 1996, insbesondere S. 206–236) und die ökologische Ökonomie (z. B. Daly, Herman: *Wirtschaft jenseits von Wachstum. Die Volkswirtschaftslehre nachhaltiger Entwicklung,* Salzburg/München 1999). Den Autoren dieser wachstumskritischen Konzepte scheint allerdings nicht bewusst zu sein, welchen sozialökonomischen Sprengstoff ihre Überlegungen mit sich bringen. Entsprechend vage bleiben ihre Aussagen über die politischen und gesellschaftlichen Implikationen ihrer Konzepte (vgl. Niessen, *Nachhaltigkeit,* S. 189–199).

32 Vgl. exemplarisch Weizsäcker, Ernst Ulrich von; Lovins, Amory B.; Lovins, Hunter L.: *Faktor Vier. Doppelter Wohlstand, halbierter Naturverbrauch. Der neue Bericht an den Club of Rome,* München 1997.

33 Siehe oben Seiten 33–38.

34 Vgl. Spehr, Christoph; Stickler, Armin: Morphing Zone – Nachhaltigkeit und postmodernes Ordnungsdenken, in: Raza, Werner G.; Novy, Andreas (Hrsg.): *Nachhaltig reich – nachhaltig arm?,* Frankfurt a. M. 1997, S. 12–24, hier S. 15. Entsprechende Beispiele sind in der Literatur auch als »Rebound-Effekt« bekannt.

35 Vgl. Huber, Joseph: *Nachhaltige Entwicklung. Strategien für eine ökologische und soziale Erdpolitik,* Berlin 1995, insbesondere S. 138 ff.

36 Diese Erkenntnis publizieren inzwischen sogar Institute wie die Deutsche Bank, die der System- und Wachstumskritik gewiss unverdächtig sind. Vgl. Deutsche Bank Research: BIP alleine macht nicht glücklich. Wohlergehen messen ist sinnvoll, aber schwierig, in: *Aktuelle Themen 367,* 4. Oktober 2006.

37 Berühmt ist in diesem Zusammenhang die Weizenkornlegende, wonach der weise Brahmane Sissa ibn Dahir seinen König bat, ihm Weizenkörner auf ein Schachfeld zu liefern: Auf das erste Feld eines, auf das nächste Feld zwei, auf das nächste Feld vier, auf das nächste Feld acht und so weiter. Erschrocken musste der König am Ende feststellen, dass die Weizenproduktion des gesamten Reiches nicht genügt, um dem cleveren Brahmanen seinen Wunsch zu erfüllen. Am Ende hätten sich auf dem Schachbrett über 900 Mrd. Tonnen Weizen befinden müssen, ein mehr als Tausendfaches der heutigen Weltweizenproduktion. Die Legende unterstreicht eindrucksvoll die unvorstellbaren

Größenordnungen, in denen sich exponentielles Wachstum bewegt – wobei hier natürlich eine sehr hohe Wachstumsrate von 100 Prozent zugrunde liegt. Die Legende zeigt außerdem, wie sehr wir Menschen dazu neigen, die Dimensionen exponentiellen Wachstums zu unterschätzen. Weil sich exponentielles Wachstum zu Beginn sehr langsam vollzieht, scheint es auf den ersten Blick überschaubar zu sein. Ökonomen und Politiker, die konstante Wachstumsraten anstreben, unterliegen in dieser Hinsicht demselben Irrtum wie der legendäre König.

38 Negative Raten verbuchte Deutschland 1967 (–0,3), 1975 (–0,9), 1982 (–0,4), 1993 (–1,0), 2003 (–0,7) und 2009 (–5,6). Vgl. Statistisches Bundesamt: *Volkswirtschaftliche Gesamtrechnungen, lange Reihen ab 1925*, Wiesbaden 2014. Online einsehbar unter: https://www.destatis.de/DE/ZahlenFakten/Gesamt wirtschaftUmwelt/VGR/Inlandsprodukt/Tabellen/Volkseinkommen1950. html.

39 Siehe hierzu ausführlich Niessen, *Nachhaltigkeit*, S. 44–54.

40 Ceteris Paribus bedeutet »unter sonst gleichbleibenden Bedingungen«. Mit diesem Einschub soll gesagt sein, dass eine Aussage nur unter dem Vorbehalt gilt, dass alle anderen Faktoren, die auf den betreffenden Gegenstand ebenfalls wirken könnten, unverändert bleiben. Hier: Die Erlöse steigen nur dann entsprechend den steigenden Verkaufszahlen, wenn alle anderen Faktoren, die ebenfalls auf die Erlöse wirken (zum Beispiel die Verkaufspreise), unverändert bleiben. Die »Ceteris paribus«-Klausel hat den Zweck, die Wirkung eines Einflussfaktors auf einen Gegenstand isoliert und unabhängig von anderen Faktoren und damit klar und eindeutig bestimmen zu können.

41 Der älteste, allgemein anerkannte Fund von Überresten unserer Spezies Homo sapiens wird auf ein Alter von etwa 160.000 Jahren datiert (*Homo sapiens idaltu* aus Äthiopien).

42 An dieser Stelle sei der große Rousseau zitiert: »Der erste, der ein Stück Land mit einem Zaun umgab und auf den Gedanken kam zu sagen ‚Dies gehört mir‘ und der Leute fand, die einfältig genug waren, ihm zu glauben, war der eigentliche Begründer der bürgerlichen Gesellschaft. Wie viele Verbrechen, Kriege, Morde, wie viel Elend und Schrecken wäre dem Menschengeschlecht erspart geblieben, wenn jemand die Pfähle ausgerissen und seinen Mitmenschen zugerufen hätte: ‚Hütet euch, dem Betrüger Glauben zu schenken; ihr seid verloren, wenn ihr vergesst, dass zwar die Früchte allen, aber die Erde niemandem gehört.‘« Rousseau, Jean-Jacques: Abhandlung über den Ursprung und die Grundlagen der Ungleichheit unter den Menschen, in: ders.: *Kul-*

turkritische und politische Schriften, hg. v. Martin Fontius, Bd. 1, Berlin 1989, S. 241

43 Piketty, *Kapital*, S. 52.

44 Das CIA-Programm zur Schwächung bzw. Beseitigung der Allende-Regierung ist unter dem Codenamen FUBELT oder auch Track II bekannt.

45 Vgl. Kornbluh, Peter: *CIA Acknowledges Ties to Pinochet's Repression. Report to Congress Reveals U. S. Accountability in Chile*, 19. September 2000.

46 Vgl. Letelier, Orlando: The Chicago Boys in Chile. Economic Freedom's Awfull Toll, in: *The Nation*, 28. August 1976.

47 Zu einer steigenden Arbeitsproduktivität können neben der Technik auch Faktoren wie eine erhöhte Qualifikation, eine höhere Arbeitsmotivation oder eine effizientere Organisation der Produktionsabläufe beitragen.

48 Vgl. Statistisches Bundesamt: *Volkswirtschaftliche Gesamtrechnungen, Inlandsproduktberechnung, lange Reihen ab 1970*, Wiesbaden 2015, S. 51 und eigene Berechnungen. Bis einschließlich 1991 wurden nur die Zahlen für die damalige Bundesrepublik (Westdeutschland) berücksichtigt.

49 Vgl. Statistisches Bundesamt: *Volkswirtschaftliche Gesamtrechnungen, Inlandsproduktberechnung, lange Reihen ab 1970*, S. 22 und eigene Berechnungen.

50 Der Begriff »industrielle Reservearmee« entstammt der marxistischen Theorie und meint die Masse der Arbeitslosen. Kapitalistische Unternehmer können diese Masse als Drohpotenzial gegenüber den Beschäftigten instrumentalisieren: Wer zu einem hinreichend niedrigen Lohn nicht zu arbeiten bereit ist, dem kann der Kapitalist mit Entlassung und anschließender Einstellung eines Arbeitslosen drohen. Vgl. Heinrich, Michael: *Kritik der politischen Ökonomie*, Stuttgart 2007, S. 126 f.

51 Bei Fertigstellung des Buches lagen seitens der OECD leider keine Daten bezüglich der Lohnquoten in den Jahren nach 2012 vor.

52 Vgl. IMF: World Economic Outlook Database April 2015.

53 Ebenda.

54 Damit wird die Schuld an der Misere vorrangig den nationalen Regierungen in die Schuhe geschoben. Hiervon zeugt auch die abwertende Titulierung der betroffenen Staaten als »PIGS«. Vgl. Deiss, Richard: *Der Nabel des Mondes und die Träne im Indischen Ozean: 333 Länderbeinamen und wie es zu ihnen kam*, Norderstedt 2008, S. 21.

55 Vgl. Nicoll, *Neoliberalismus*, S. 130.

56 Siehe Seite 44–45 im ersten Kapitel und Endnote 37 auf Seite 147.

57 Siehe Seite 29 ff. im ersten Kapitel.

58 Als Giralgeld (auch: Geschäftsbankgeld) bezeichnet man virtuelles Geld, das einen Anspruch auf bares Zentralbankgeld darstellt. Vereinfacht gesagt handelt es sich hierbei um Kontoguthaben, die Bankkunden gegen Bargeld eintauschen oder aber mittels Überweisung als Zahlungsmittel verwenden können. Solche virtuellen Guthaben entstehen meist dann, wenn eine Geschäftsbank einen Kredit über ihre baren Zentralbankgeldreserven hinaus vergibt: Die Geschäftsbank schreibt dann einen bestimmten Betrag auf ein Kundenkonto gut, ohne dabei über eine entsprechende Bargeldreserve in gleicher Höhe zu verfügen. Sie räumt ihren Kunden damit einen Anspruch auf Bargeld ein, den sie zur Gänze gar nicht erfüllen kann. Diese fraktionale (teilweise) Reservehaltung stellt für die Banken kein Problem dar, solange die Kunden ihre Guthaben vorwiegend für den bargeldlosen Zahlungsverkehr nutzen (z. B. Überweisungen) und nicht etwa in großer Zahl zur gleichen Zeit in bar abheben wollen (»Bank Run«). Üblicherweise gehen die per Kredit geschaffenen Giralgeldguthaben damit stets über die bestehende Bargeldmenge einer Volkswirtschaft hinaus und erhöhen insofern die umlaufende Geldmenge deutlich.

59 Als Publikum bezeichnet man in den Finanzwissenschaften alle Nichtbanken, das heißt Haushalte, Unternehmen und den Staat.

60 Ausgenommen sind hier schuldfreies Startkapital, wie es die Bundesbürger beispielsweise 1948 im Zuge der Nachkriegswährungsreform als »Kopfgeld« erhalten haben (damals 60 DM pro Person), und andere Beträge, die ohne Rückgabeverpflichtung ins Publikum gelangen (z. B. durch endgültige Ankäufe von Aktiva aus dem Publikum durch die Banken).

61 Siehe Kapitel 3 (»Und es interessiert doch: Das übergangene Zinsproblem«).

62 Vgl. Piketty, *Kapital*, S. 751.

63 Ebenda, S. 738.

64 Ebenda.

65 Das liegt vermutlich daran, dass er die Identität von Sparen und Verschulden vorrangig aus dem saldenmechanischen Zusammenhang zwischen gesamtwirtschaftlichen Spar- und Investitionsentscheidungen ableitet, was natürlich für sich genommen nicht falsch ist, die viel weiter gehende, ursprüngliche Entstehung von Geld als Schuld durch die Zentral- und Geschäftsbanken aber ausblendet. Siehe z. B. Flassbeck, Heiner; Spiecker, Friederieke: Der Staat als

Schuldner – Die Quadratur des Bösen, in: *Wirtschaftsdienst* 91, Juli 2011, S. 472–480.

66 Zumindest, auch wenn das ein schwacher Trost ist, sind die Ökonomen mit ihrer Ideologieanfälligkeit nicht alleine. Sie teilen das Problem mit allen anderen Sozialwissenschaften, wie etwa der Geschichtswissenschaft, die ja nach einem zynischen Bonmot stets von den Siegern geschrieben wird. Hierfür vielleicht ein anschauliches Beispiel: In einem Geschichtbuch aus dem wilhelminischen Kaiserreich heißt es zur attischen Demokratie:»Nirgends, weder vorher noch nachher in der Geschichte ist mit der Selbstregierung des Volkes so bitterer Ernst gemacht worden wie in Athen [...]. Die Massen, und mögen sie noch so oft sich versammeln, selbst regieren können sie nicht [...]. Der Staat kann nur gedeihen, wenn die einzelnen Politiker sich einer überlegenen Persönlichkeit unterordnen. [...] Der attische Staat ohne einen anerkannten Demagogen war nichts anderes als eine immerwährende Anarchie [sic!].« *Förderreuther, Max; Würth, Friedrich: Aus der Geschichte der Völker.* 1. Band: *Altertum*, München 1909, S. 141 f. Keine 50 Jahre später urteilt ein bundesrepublikanisches Geschichtsbuch zum selben Thema:»Kleisthenes, ein Adeliger, brachte nun Ordnung [sic!], indem er die Verfassung Solons so abänderte, dass das Volk jetzt noch mehr Rechte bekam. [...] So war im Athenischen Staat an Stelle der Adelsherrschaft oder der Aristokratie die Volksherrschaft oder Demokratie (demos = Volk) getreten.« Ebner, Eduard: *Geschichte des Altertums*, hg. v. Staatsministerium für Unterricht und Kultus in München, Bamberg, 1950, S. 42.

67 Zur Erinnerung: Als Publikum bezeichnet man in den Finanzwissenschaften alle Nichtbanken, das heißt Haushalte, Unternehmen und den Staat.

68 Ein Schneeballsystem (auch: Pyramidenspiel) ist ein Geschäftsmodell, das zu seinem Funktionieren eine stetig wachsende Zahl von Teilnehmern benötigt. Die Gewinne der Teilnehmer werden nämlich in erster Linie aus dem eingezahlten Kapital der Neuteilnehmer finanziert. Je mehr Teilnehmer mitmachen und Gewinnansprüche hegen, umso mehr neue Teilnehmer müssen angeworben werden. Das System ist also unter endlichen Bedingungen (es gibt nur eine begrenzte Anzahl möglicher Teilnehmer) auf unendliches Wachstum angelegt (man braucht immer mehr Teilnehmer). Deshalb ist es grundsätzlich instabil und wird irgendwann kollabieren (wenn nicht mehr genügend neue Teilnehmer gefunden werden).

69 Vgl. Reinhart, Carmen M.; Rogoff, Kenneth S.: *Dieses Mal ist alles anders. Acht Jahrhunderte Finanzkrise*, München 2013. Auf Seite 393 weisen die Autoren übrigens ausdrücklich darauf hin, dass »Länder offensichtlich nicht einfach aus ihren Schulden herauswachsen«. Dass »Kapitalströme plötzlich versiegen«, also keine weiteren Kredite mehr an die entsprechenden Länder gezahlt werden, sodass diese Länder zahlungsunfähig werden, sei »selbst für die größten Ökonomien der Welt [...] ein wiederkehrendes Phänomen [...].« Gleichwohl gibt es auch Fälle von einzelnen Staaten, die ihre Staatsverschuldung tatsächlich dank höheren Wachstums auf ein Maß zurückfahren konnten, das die Gläubiger zufriedenstellte. Für unsere Überlegungen ist entscheidend zu erkennen, dass in solchen Ausnahmesituationen die Dynamik der bei positiven Zinsen zwangsläufig steigenden absoluten Gesamtverschuldung der Gesellschaft nicht außer Kraft gesetzt werden kann. Schulden werden in diesen Fällen entweder vom Staat zu Privaten umverteilt (sodass der Staatsbankrott abgewendet werden kann) oder sie sinken dank kräftigen Realgüterwachstums bloß *in Relation zum BIP*, was oftmals genügt, um die Bonität (vorübergehend) wiederherzustellen.

70   Hat ein Schuldner, zum Beispiel eine Regierung, Kontrolle über den Gelddruck beziehungsweise die Münzpressung in einer Volkswirtschaft, kann er das zur Schuldenrückzahlung benötigte Geld einfach neu herstellen. Weil dann aber mehr Geld in Umlauf gelangt, entsteht zugleich eine Inflation, die bestehende Geldvermögen relativ wertlos werden lässt. Vermögende Gläubiger werden insofern indirekt enteignet. Eine Auflistung entsprechender historischer Beispiele liefert das bereits genannte Autorenduo Reinhart/Rogoff, *Dieses Mal ist alles anders*, Kapitel 11 und 12. Heute könnten natürlich keine Regierungen, sondern allenfalls die Banken eine solche Inflationierung herbeiführen.

71   Vgl. Reinhart/Rogoff, *Dieses Mal ist alles anders*, S. 150

72   Vgl. Graeber, David: *Schulden. Die ersten 5000 Jahre*, Stuttgart 2012, S. 228 f.

73   Im europäischen Mittelalter und im alten Ägypten gab es zeitweise Geldsysteme mit einer Liegegebühr für gehortetes Geld, also einer Art Negativzins. Wer Geld auf die Seite legte, musste dafür zahlen – was dazu führte, dass Geld zwar für Tauschgeschäfte verwendet wurde, nicht aber als Wertanlage. Ein ständig fortschreitendes Wachstum von Geldvermögen und Schulden war in diesen Systemen kaum möglich. Vgl. Lietaer, Bernard: *Mysterium Geld. Emotionale Bedeutung und Wirkungsweise eines Tabus*, München 2000, S. 146 ff.

74   Sehr eindrucksvoll und ausführlich beschreibt Graeber die mit Verschuldung einhergehenden sozialen Verwerfungen in einer langen historischen Perspektive. Vgl. Graeber, *Schulden*.

75 Siehe die *FAZ* vom 23.05.2011: »Griechenland verkauft seine Häfen« und die *WELT* vom 13.09.2012: »Griechenland macht seine Inseln zu Geld«.

76 Vgl. Reinhart/Rogoff, *Dieses Mal ist alles anders*, S. 142ff.

77 Stand: Haushaltsjahr 2015. Vielleicht werden Sie nun denken, dass Sie doch selbst Wertpapiere oder Konten besitzen, auf welche Sie Zinsen *erhalten*. Das heißt aber nicht unbedingt, dass Sie vom Zinssystem profitieren. Um zu ermitteln, ob Sie zu den Zinsgewinnern oder verlierern gehören, müssten Sie die oben erläuterten versteckten Zinszahlungen von Ihren offenkundigen Zinseinnahmen abziehen. Bei allen praktischen Schwierigkeiten, die versteckten Zinszahlungen zu ermitteln, darf man doch in Anbetracht der zugänglichen Vermögensverteilungsstatistiken davon ausgehen, dass die übergroße Mehrheit der Bevölkerung zu den Nettozinszahlern und damit zu den Verlierern gehört (siehe etwa Schaubild 6.2 in Kapitel 6).

78 Aristoteles: *Nikomachische Ethik*, Übersetzung und Nachwort von Franz Dirlmeier, Stuttgart 1969, sinngemäß zitiert nach: Elmar Altvater: Eine andere Welt mit welchem Geld?, in: Wissenschaftlicher Beirat von Attac-Deutschland (Hrsg.): *Globalisierungskritik und Antisemitismus – Zur Antisemitismusdiskussion in Attac (Reader* Nr. 3), Frankfurt 2004, S. 11 f.

79 Vgl. Graeber, *Schulden*.

80 Vgl. Aristoteles: *Politik. Schriften zur Staatstheorie*, übersetzt und herausgegeben von Franz F. Schwarz, Stuttgart 1989, zitiert nach Altvater, Welt, S. 12

81 Die populärste zinskritische Stimme Deutschlands stammt zurzeit vom Börsenmakler und gern gesehenen Talkshowgast Dirk Müller alias »Mr. Dax«. Als wegweisende Figuren wären für den deutschsprachigen Raum außerdem der Autodidakt Helmut Creutz sowie der Kaufmann und Begründer der Freiwirtschaftslehre Silvio Gesell (1862–1930) zu nennen. Weitere bekannte Köpfe der Zinskritik sind die Architektin Margrit Kennedy, der ehemalige belgische Nationalbanker Bernard Lietaer, der Finanzierungsexperte Christian Kreiß, der Betriebswirt und Philosoph Wolfgang Berger und andere mehr.

82 Die Forderung nach einem Pluralismus theoretischer Ansätze in der akademischen Ökonomie wurde zu Beginn dieses Jahrtausends bereits von einer engagierten Studentenbewegung ausgehend von der Pariser Sorbonne propagiert; vgl. Dürrmeier, Thomas: Post-autistic Economics: Eine studentische Intervention für plurale Ökonomik, in: Dürrmeier, Thomas; v. Egan-Krieger, Tanja; Peuker, Helge (Hrsg.): *Die Scheuklappen der Wirtschaftswissenschaft. Postautistische Ökonomik für eine pluralistische Wirtschaftslehre*, Marburg 2006,

S. 13–28. Einen nachhaltigen Einfluss auf die Mainstreamökonomie konnte die Bewegung bis zum heutigen Tage leider nicht gewinnen.

83   Sofern wir uns Ökonomen wünschen, die aus leidenschaftlicher Wahrheitsliebe und nicht des Geldes wegen forschen, braucht der Staat für die Gehälter nicht gar so viel auszugeben wie heute. Gleichwohl wären stabile Anstellungsverhältnisse und längerfristige Arbeitsverträge für eine seriöse und von Herzblut getragene wissenschaftliche Arbeit vorteilhaft.

84   Diese Forderung wurde 1971 bereits überaus prominent vom Wissenschaftsphilosophen Karl Raimund Popper vertreten, seither aber, und das nicht nur in den Wirtschaftswissenschaften, chronisch missachtet. Zuerst erschien Poppers Forderung als Beitrag in der Wochenzeitung *Die ZEIT* vom 24. September 1971 unter dem Titel »Wider die großen Worte. Ein Plädoyer für intellektuelle Redlichkeit«. Hieraus sei an dieser Stelle der bekannteste Auszug zitiert: »Jeder Intellektuelle hat eine ganz spezielle Verantwortung. Er hat das Privileg und die Gelegenheit, zu studieren. Dafür schuldet er es seinen Mitmenschen (oder ‚der Gesellschaft‘), die Ergebnisse seines Studiums in der einfachsten und klarsten und bescheidensten Form darzustellen. Das Schlimmste – die Sünde gegen den heiligen Geist – ist, wenn die Intellektuellen es versuchen, sich ihren Mitmenschen gegenüber als große Propheten aufzuspielen und sie mit orakelnden Philosophien zu beeindrucken. Wer's nicht einfach und klar sagen kann, der soll schweigen und weiterarbeiten, bis er's klar sagen kann.«

85   Exemplarisch für viele: Massarrat, Mohssen; Bontrup, Heinz-J.: *Arbeitszeitverkürzung jetzt! 30-Stunden-Woche fordern!*, Bergkamen 2013 und Zinn, Karl Georg: *Jenseits der Marktmythen. Wirtschaftskrisen: Ursachen und Auswege*, Hamburg 1997, S. 81 ff.

86   Mit Blick auf die *geldsystembedingten Verwerfungen* vielversprechend, wenngleich natürlich nicht als Lösung für *sämtliche* ökonomischen Probleme zweckdienlich, scheinen mir die Vorschläge der 2012 gegründeten Initiative »Monetative e. V.« zu sein (gleichwohl fehlt hier die explizite Kritik an der Verzinsung privater Ersparnisse). Diese Vorschläge sind in leicht verständlicher Sprache online einsehbar unter der URL: http://www.monetative.de.

87   Während die »natürlichen Ressourcen« die Input-Seite des Produktionsprozesses betreffen und all jene ursprünglichen Stoffe umfassen, die in die Produktion hineingesteckt werden (man denke an Holz, Kohle, Metalle, Öl, Nutztiere etc.), zielt der Begriff »Senke« auf die Outputseite des Produktionsprozesses. Als Senke bezeichnet man den natürlichen Raum, der sämtliche bei der Produktion anfallenden Stoffe (Abgase, Abwässer, Müll und letztlich auch das Endprodukt) aufnimmt. Unsere Böden, unsere Atmosphäre, unsere Flüsse

und unsere Meere stellen demzufolge nicht nur die natürlichen Ressourcen zur Verfügung, zugleich dienen sie auch als Senken. Als solche bedürfen sie einer ebenso gewissenhaften Schonung wie die Ressourcen.

88 Mit Sozialprodukt ist die Summe aller Güter und Dienstleistungen gemeint, die in einem Jahr hergestellt werden. Im Kontext dieses Kapitels ist implizit das Weltsozialprodukt gemeint, also die gesamte (statistisch erfassbare) Produktionstätigkeit der Menschheit.

89 Die Einkommen entstehen aus der Verteilung des Sozialprodukts. Jedes Einkommen stellt den individuell angeeigneten Anteil am gesellschaftlich generierten Sozialprodukt dar. Einkommensströme regulieren heißt also die Aufteilung des Sozialproduktes auf die Mitglieder einer Volkswirtschaft zu regulieren: Wer erhält welchen Anteil der produzierten Güter und Dienstleistungen?

90 Food and Agriculture Organization of the United Nations (Hrsg.): The State of Food Insecurity in the World. Strengthening the Enabling Environment to Improve Food Security and Nutrition, Rome 2014.

91 Die je aktuellsten Zahlen hierzu veröffentlicht die Weltbank unter der URL: http://data.worldbank.org/topic/poverty#tp_wdi. Die Dollar sind in Kaufkraftparität angegeben, mehr hierzu in Endnote 111.

92 Ebenda. Als extrem arm gelten gemäß Weltbank-Definition Menschen mit einem Einkommen unterhalb von 1,25 US-Dollar in Kaufkraftparität, siehe Seite 102.

93 Näheres hierzu in Kapitel 6 auf Seite 126

94 Food and Agriculture Organization of the United Nations (Hrsg.): *Global Forest Resources Assessment 2010. Main Report*, Rome 2010, S. 13. Eine aktuellere Studie des WWF warnt vor einer weltweiten Zerstörung von bis zu 170 Millionen Hektar Waldfläche zwischen 2010 und 2030; vgl. WWF (Hrsg.): *Living Forests Report 2015*, Gland 2015, Kapitel 5. Ein Hektar entspricht einer Fläche von 100 m x 100 m, also 10.000 m². Eine solche Fläche ist noch etwas größer als ein großes Fußballfeld.

95 Vgl. Dirzo, Rodolfo et al.: Defaunation in the Anthropocene, in: *Science* 345, Juli 2014, S. 401–406.

96 Daten auf der Basis der »UNSD/UNEP Questionnaires on Environment Statistics, Waste section« sowie dem »OECD Environmental Data Compendium. Waste Section«, online einsehbar unter http://unstats.un.org/unsd/environment/Time%20series.htm#Waste (Stand: 2015).

97   Vgl. OECD (Hrsg.): *Factbook 2014. Economic, Environmental and Social Statistics*, Paris 2014, S. 175.

98   Zur »Ceteris paribus«-Klausel siehe oben Endnote 40. Hier erfordert die Zunahme von Sozialprodukt und Bevölkerungszahl nur dann einen entsprechend höheren Ressourcenverbrauch, wenn alle anderen Faktoren, die ebenfalls auf den Ressourcenverbrauch wirken (zum Beispiel die Ressourcenproduktivität, die in Endnote 101 erklärt wird) unverändert bleiben.

99   Siehe Seite 35–38 im ersten Kapitel und Seite 43 im zweiten Kapitel.

100 Über längere Zeiträume betrachtet wäre es überdies sinnvoll, das Naturnutzungsniveau N selbst regelmäßig neu zu berechnen, da es sein kann, dass sich Ressourcenbestände und Senken über alle erwarteten Maße hinaus erholen oder eben nicht, oder dass plötzlich neue Ressourcen gefunden werden oder andere Geschehnisse und Erkenntnisse eine Neuermittlung rechtfertigen.

101 Falls Ihnen der Begriff und die Berechnung von Produktivität (Produktionsoutput pro eingesetzten Input) nicht geläufig sind, können Sie es hier anhand eines extrem simplen Rechenbeispiels nachvollziehen. Nehmen wir an, im Jahre 2000 könnte man mit einem Baum 10 Stühle herstellen. Dann betrüge die Ressourcenproduktivität 10 Stühle pro Baum. Aus einem »Stück Natur« (ein Baum) könnte man zehn Güter (10 Stühle) herstellen. Nehmen wir weiter an, aufgrund technischer Effizienzfortschritte gelänge im Jahre 2050 mit einem gleichen Baum die Herstellung von 11 Stühlen. Dann wäre die Ressourcenproduktivität offensichtlich um 10 Prozent gestiegen. Laut unserer Gleichung ergäbe sich dann für den Multiplikator e der Wert (11/1) geteilt durch (10/1), also 11/10, und das ergibt 1,1.

102 Siehe vorige Endnote.

103 Die Bedeutung der Abkürzung »PPP« finden Sie in Endnote 111. Zugrunde liegt hier das Jahr 2014.

104 Vgl. CIA (Hrsg.): *The World Factbook 2015*, New York 2015. Die aktuellsten Angaben sind online einsehbar unter der URL: https://www.cia.gov/library/publications/the-world-factbook/geos/xx.html (Stand: November 2015).

105 Vgl. Wackernagel, Mathis; Beyers, Bert: *Der Ecological Footprint. Die Welt neu vermessen*, Hamburg 2010.

106 Vgl. Global Footprint Network: *National Footprint Account Results* (2015 Edition), zum Download verfügbar unter der URL: www.footprintnetwork.org (Stand: November 2015). Alle weiteren Daten, die ich bezüglich des ökologischen Fußabdrucks bringe, stammen aus derselben Quelle.

107 Das Verhältnis von globalem Fußabdruck (2,7) zu globaler Biokapazität (1,7) liegt bei etwa 1,6 (alle Werte gerundet). Läge es bei einem Wert von genau 1, dann hieße das, dass exakt 100 Prozent dessen, was die Natur jährlich zur Verfügung stellt, verbraucht würde, man läge gerade im ökologischen Soll. Liegt das Verhältnis aber bei einem Wert von 1,6, also um 0,6 zu hoch, dann wird 160 Prozent dessen, was ökologisch vertretbar wäre, verbraucht – es wird also, um den Bedarf zu decken, Natur über ihre Regenerationsfähigkeit hinaus genutzt, was zu ihrer fortschreitenden Zerstörung führt und die Biokapazität weiter reduziert. Der globale Verbrauch liegt in diesem Fall um 60 Prozent zu hoch und müsste um mehr als ein Drittel schrumpfen (ein Drittel vom globalen Ausgangsfußabdruck von 2,7 wäre 0,9. Zöge man diesen Wert vom Ausgangswert von 2,7 ab, käme man auf einen Fußabdruck von 1,8, was im Verhältnis zur Biokapazität von 1,7 den Wert von 1,06 ergäbe (also fast 1) und damit fast den ökologisch gerade noch vertretbaren jährlichen Verbrauch von 100 Prozent der durch die vorhandene Biokapazität jährlich zur Verfügung gestellten Ressourcen und Senken bedeutete).

108 Siehe vorige Endnote.

109 Die Bedeutung der Abkürzung »PPP« wird in Endnote 111 erläutert.

110 Näheres zur Strategie der Arbeitszeitverkürzung findet sich ab Seite 57 unten.

111 PPP steht als Abkürzung für »purchasing power parity«, zu Deutsch Kaufkraftparität (KKP). Das Konzept der Kaufkraftparität wurde unter anderem dafür entwickelt, die Einkommenssituation der Menschen in verschiedenen Teilen der Erde vergleichbar zu machen. Mit 10 »normalen« US-Dollar kommen Sie in Oslo, in Bukarest und in Kalkutta unterschiedlich weit, weil »das Leben«, wie man umgangssprachlich sagt, in Oslo teurer ist als in Bukarest oder in Kalkutta. Selbst dann, wenn Sie die 10 US-Dollar zum herrschenden Wechselkurs gegen die Landeswährung eintauschen, werden sie damit in Oslo, Bukarest und Kalkutta unterschiedlich viele oder wenige Dinge kaufen können. Ein US-Dollar hat folglich, je nach Standort, eine unterschiedliche *Kaufkraft*. Wer in den USA 1.500 »normale« US-Dollar monatlich verdient, lebt damit vielleicht genauso gut oder genau so schlecht wie jemand, der in Nigeria umgerechnet 500 »normale« US-Dollar monatlich verdient. Der »US-Dollar *in Kaufkraftparität*« (PPP-US-Dollar) berücksichtigt diese Unterschiede. Bei der Ermittlung der Kaufkraftparität wird berechnet, wie viele Einheiten einer bestimmten Währung nötig sind, um sich einen gleichen Umfang bestimmter Güter zu kaufen, die man mit einem »normalen« US-Dollar in den USA kaufen kann. Wenn zum Beispiel ein US-Amerikaner im Jahr 2012 genau 2.000 US-Dollar im Monat verdiente, konnte er sich damit vor

Ort die gleiche Menge bestimmter Waren kaufen, wie ein Deutscher es bei sich zu Hause für 1.552 Euro und ein Norweger in seinem Land für 17.520 Norwegische Kronen tun konnte. Der Kniff an der ganzen Sache ist nun: All diese verschiedenen Zahlen und Währungen werden mit PPP-US-Dollar vereinheitlicht. Demnach verdienten die hier genannten US-Amerikaner, der Deutsche und der Norweger jeweils die gleichen 2.000 PPP-US-Dollar in Preisen von 2012. Die Summe von 1.552 Euro entsprach 2012 also ebenso 2.000 PPP-US-Dollar wie die Summe von 17.520 Norwegischen Kronen. Möglich wird das durch einen Umrechnungsfaktor, der je nach Land und dort vorherrschenden Lebenshaltungskosten verschieden ist. Für Deutschland betrug der Umrechnungsfaktor im Jahr 2012 nach Angaben der OECD 0,776. Das bedeutet, dass 1 PPP-US-Dollar genau der Kaufkraft von 0,776 Euro in Deutschland entsprach. Für Norwegen betrug der Umrechnungsfaktor für das gleiche Jahr 8,76, sodass 1 PPP-US-Dollar genau der Kaufkraft von 8,76 Norwegischen Kronen in Norwegen entsprach. Ausgehend von diesen Umrechnungsfaktoren kann man also jederzeit ein in PPP-US-Dollar angegebenes Einkommen auf die nationale Situation eines bestimmten Menschen gleich wo auf dieser Erde beziehen. Die Umrechnungsfaktoren werden jedes Jahr neu berechnet, weshalb ein PPP-US-Dollar von 2012 nicht dasselbe ist wie ein PPP-US-Dollar von 1997. Eine Tabelle mit den Umrechnungsfaktoren für verschiedene Länder und verschiedene Jahre findet man zum Beispiel in OECD, *Factbook 2014*, oder online unter der URL: http://www.oecd.org/std/prices-ppp/purchasingpowerparitiespppsdata.htm (Stand: November 2015).

112 Siehe online unter der URL: http://www.worldbank.org/en/topic/poverty/overview (Stand: Juli 2015).

113 Ebenda.

114 Mir ist bewusst, dass sich die Zahlen aus methodischen Gründen nicht ganz sauber vergleichen lassen und auch die Ermittlung der Zahlen selbst berechtigter Kritik unterliegt. Es geht mir hier aber nicht um exakte Messwerte, sondern bloß darum, ungefähre Größenordnungen abzuschätzen.

115 Statistisches Bundesamt: *Gemeinschaftsstatistik über Einkommen und Lebensbedingungen (EU-SILC)*, siehe URL: https://www.destatis.de/DE/ZahlenFakten/GesellschaftStaat/EinkommenKonsumLebensbedingungen/LebensbedingungenArmutsgefaehrdung/Aktuell_Hauptindikatoren_SILC.html (Stand: November 2015).

116 Siehe Endnote 111.

117 Aktuelle und historische Angaben zur offiziellen US-Armutsgrenze sind online abrufbar unter der URL der US-Bundesbehörde »Bureau of the Census«:
http://www.census.gov/hhes/www/poverty/data/threshld/index.html (Stand:
November 2015).

118 Siehe Endnote 107.

119 Siehe Schaubild 5.1 auf Seite 101: Das Verhältnis Fußabdruck (Verbrauch)
zu Biokapazität (zur Verfügung stehende Ressourcen und Senken) liegt in
Deutschland 2011 bei 2,1. Der Wert liegt um 1,1, also um 110 Prozent, oberhalb des Verhältnisses von 1, das aus ökologischer Sicht gerade noch vertretbar
wäre (es würden dann nur 100 Prozent des zur Verfügung stehenden Natur-
reichtums genutzt, nicht 210 Prozent desselben).

120 Siehe Endnote 107.

121 Siehe Schaubild 5.1 auf Seite 101: Bei einer Biokapazität von 2,1 Hektar dürfte der ökologische Fußabdruck idealerweise eben jenen Wert von 2,1 Hektar nicht überschreiten. Tatsächlich liegt der ökologische Fußabdruck des
durchschnittlichen Deutschen aber bei 4,4 Hektar. Um auf einen Wert von
2,1 Hektar zu kommen, müsste der typische Deutsche seinen ökologischen
Fußabdruck demnach um 2,3 Hektar senken. Im Verhältnis zum bisherigen Fußabdruck von 4,4 Hektar entspräche diese erforderliche Senkung um
2,3 Hektar einer Größenordnung von 52 Prozent (denn 2,3 geteilt durch 4,4
ergibt 0,52).

122 Die Weltbevölkerung überschritt laut »Stiftung Weltbevölkerung« im Jahr
2015 die Marke von 7,3 Milliarden Menschen (online unter der URL: http://
www.weltbevoelkerung.de). Gut ein Viertel dieser Menschen ist jünger als
15 Jahre alt. Vgl. CIA, *Factbook 2015*, S. 816. Als »erwachsen« zähle ich mangels präziseren statistischen Materials im weiteren Sinne alle Menschen ab
15 Jahren.

123 Siehe zur Erklärung Endnote 101.

124 In unseren modernen Massengesellschaften wird der Reichtum arbeitsteilig
produziert: Jeder arbeitende Mensch übt einen spezialisierten Beruf aus und
trägt mit seiner Arbeit zum volkswirtschaftlichen Reichtum der Gesellschaft
bei. In Bezug auf die *Verteilung* stellt sich die Frage, wer anschließend welchen
Anteil des gemeinschaftlich produzierten Reichtums erhält. Bei einer erstma-
ligen Verteilung spricht man von der *Primärverteilung*. In weiten Teilen unserer Volkswirtschaft erfolgt diese primäre Verteilung über den sogenannten
»Marktmechanismus«, das heißt nach den Kriterien von Angebot und Nachfrage. Es erhält derjenige einen hohen Anteil am gesellschaftlichen Reichtum,

der ein Produkt oder eine Arbeit anbietet, die eher selten (niedriges Angebot) und noch dazu sehr gefragt ist (hohe Nachfrage). Wer hingegen leicht Ersetzbares und wenig Gefragtes anzubieten hat, erhält in Marktwirtschaften einen vergleichsweise geringen Anteil am volkswirtschaftlichen Reichtum. Sollten die Mitglieder einer Gesellschaft die durch diesen Marktmechanismus vermittelte Primärverteilung aus irgendwelchen Gründen ungerecht finden, können sie diese Primärverteilung durch anschließende Umverteilung korrigieren, etwa indem der Staat bei Wohlhabenden überproportional hohe Steuersummen eintreibt, um sie zugunsten der ärmeren Bevölkerungsteile wieder auszugeben.

125 Zur Frage der Legitimität einer derart hohen Besteuerung von Einkommen (und womöglich auch von Vermögen) lesen Sie bitte das folgende Kapitel 6.

126 Die einzigen mir bekannten Menschen, die in Form einer organisierten Initiative öffentlich eine höhere Besteuerung ihrer Einkommen fordern, sind die viel beachteten »Patriotic Millionaires for Fiscal Strength« in den USA (siehe online unter http://patrioticmillionaires.org/, Stand November 2015). Gleichwohl handelt es sich bei dieser kleinen Gruppe von Millionären mit Sicherheit um eine seltene Ausnahme.

127 Mankiw/Taylor, *Grundzüge*, S. 5. Die Abkürzung [sic!], die ich eingefügt habe, bedeutet beim wissenschaftlichen Zitieren so viel wie: »Das steht da wirklich so!« und soll auf eine besondere Stelle im Zitat aufmerksam machen.

128 Die Statistik in Schaubild 6.1 bezieht sich auf die in *Das Kapital im 21. Jahrhundert* veröffentlichten Forschungsarbeiten von Thomas Piketty, die Angaben für das Jahr 2010 enthalten. In einem anderen Forschungsprojekt Pikettys, dessen Resultate im Internet unter der URL http://topincomes.parisschoolof economics.eu abrufbar sind, findet man zwar zahlreiche aktuellere Angaben zu den Einkommen der reichen Oberschicht. Diese »Top Income Database« beinhaltet aber leider keine differenzierteren Angaben zu den Einkommensanteilen der mittleren und ärmeren Bevölkerungsschichten, weshalb ich an dieser Stelle mit den Daten von 2010 vorliebgenommen habe.

129 Teilt man ein gegebenes Gesamteinkommen von 100 Prozent durch die Gesamtbevölkerung von 100 Prozent, erhält man für jedes Hundertstel der Bevölkerung logischerweise einen durchschnittlichen Anteil von 1 Prozent am Gesamteinkommen. Faktisch erntet das reichste Prozent in Europa aber 7 Prozent der Einkommen, also ein Siebenfaches des Durchschnittseinkommens, und in den USA sogar 12 Prozent der Einkommen, also ein Zwölffaches der Durchschnittseinkommen.

130 Teilt man ein gegebenes Gesamteinkommen von 100 Prozent durch die Gesamtbevölkerung von 100 Prozent, erhält man für jedes Hundertstel der Bevölkerung logischerweise einen durchschnittlichen Anteil von 1 Prozent am Gesamteinkommen. Faktisch erhalten die Ärmsten 50 Prozent in Europa und in den USA aber nicht 50 Prozent der Gesamteinkommen, was diesem Durchschnitt genau entsprechen würde, sondern nur 30 Prozent (in Europa) beziehungsweise 25 Prozent (in den USA). Setzt man für Europa jene 30 Prozent vom Gesamteinkommen in Relation zu ihren Empfängern, nämlich den ärmsten 50 Prozent der Bevölkerung, ergibt sich ein Wert von 0,6. Dieser Wert beträgt nur 60 Prozent des oben errechneten Durchschnittseinkommens von 1 Prozent. In den USA entfallen nur 25 Prozent der Einkommen auf die ärmsten 50 Prozent, sodass sich ein Verhältnis von 0,5 ergibt, weshalb die ärmste Hälfte der US-Bevölkerung nur 50 Prozent des Durchschnittseinkommens verdient.

131 In Europa verdient ein Superreicher das Siebenfache des Durchschnittseinkommens (siehe Endnote 129), ein Angehöriger der Unterschichten hingegen nur das 0,6Fache (siehe Endnote 130). Setzt man den Faktor 7 in Relation zum Faktor 0,6 ergibt das ein Verhältnis von 11,67. Ein Angehöriger des reichsten Hundertstels der Bevölkerung erhält demnach im Schnitt 11,67-mal höhere Arbeitseinkommen als ein Angehöriger der ärmsten Hälfte der Bevölkerung. In den USA steht aufseiten der Superreichen das Zwölffache des Durchschnittseinkommens (siehe Endnote 129) dem 0,5Fachen des Durchschnittseinkommens aufseiten der Armen gegenüber (siehe Endnote 130). Hieraus ergibt sich eine Relation von genau 24, was bedeutet, dass ein Angehöriger des reichsten Hundertstels der Bevölkerung in den USA im Schnitt 24-mal höhere Arbeitseinkommen bezieht als ein Angehöriger der ärmsten Hälfte der Bevölkerung.

132 Siehe Endnote 128 auf Seite 160.

133 Teilt man ein gegebenes Gesamtvermögen von 100 Prozent durch die Gesamtbevölkerung von 100 Prozent, erhält man für jedes Hundertstel der Bevölkerung logischerweise einen durchschnittlichen Anteil von 1 Prozent am Gesamtvermögen. Faktisch besitzt das reichste Prozent in Europa aber 25 Prozent des Gesamtvermögens, also ein 25Faches des Durchschnittsvermögens. Faktisch besitzen außerdem die Ärmsten 50 Prozent in Europa nicht etwa 50 Prozent des Gesamtvermögens, was dem Durchschnitt genau entsprechen würde, sondern nur 5 Prozent. Setzt man diese 5 Prozent des Gesamtvermögens in Relation zu ihren Besitzern, nämlich den ärmsten 50 Prozent der Bevölkerung, ergibt sich ein Wert von 0,1. Ein Angehöriger der Unterschichten

verfügt demnach im Schnitt nur über das 0,1Fache des Durchschnittsvermögens. Setzt man schließlich den Faktor 25 aufseiten der Superreichen mit dem Faktor 0,1 aufseiten der Armen ins Verhältnis, ergibt sich ein Wert von 250, was bedeutet, dass ein Angehöriger des reichsten Hundertstels der Bevölkerung im Schnitt 250-mal mehr Vermögen auf sich vereint als ein Angehöriger der ärmsten Hälfte der Bevölkerung.

134 Teilt man ein gegebenes Gesamtvermögen von 100 Prozent durch die Gesamtbevölkerung von 100 Prozent, erhält man für jedes Hundertstel der Bevölkerung logischerweise einen durchschnittlichen Anteil von 1 Prozent am Gesamtvermögen. Faktisch besitzt das reichste Prozent in den USA aber 35 Prozent des Gesamtvermögens, also ein 35Faches des Durchschnittsvermögens. Faktisch besitzen außerdem die Ärmsten 50 Prozent in den USA nicht etwa 50 Prozent des Gesamtvermögens, was dem Durchschnitt genau entsprechen würde, sondern nur 5 Prozent. Setzt man diese 5 Prozent des Gesamtvermögens in Relation zu ihren Besitzern, nämlich den ärmsten 50 Prozent der Bevölkerung, ergibt sich ein Wert von 0,1. Ein Angehöriger der Unterschichten verfügt demnach im Schnitt nur über das 0,1Fache des Durchschnittsvermögens. Setzt man schließlich den Faktor 35 aufseiten der Superreichen mit dem Faktor 0,1 aufseiten der Armen ins Verhältnis, ergibt sich ein Wert von 350, was bedeutet, dass ein Angehöriger des reichsten Hundertstels der Bevölkerung im Schnitt 350-mal mehr Vermögen auf sich vereint als ein Angehöriger der ärmsten Hälfte der Bevölkerung.

135 Zum Beispiel: Steuererklärungen, Erbschafts- und Schenkungsurkunden.

136 Bei Finanzvermögen, also Geld und Wertpapieren, sind Sachwerte wie Immobilien, Luxusgüter, Kunstwerke und Antiquitäten nicht eingerechnet.

137 Das »Tax Justice Network« ist eine Nichtregierungsorganisation mit Sitz in London, die sich für ein progressives und transparentes Steuersystem einsetzt. Die folgenden Zahlen beziehen sich auf die Pressemitteilung »The Price of Offshore Revisited« vom 19. Juli 2012.

138 Oxfam (Hrsg.): *Working for the Few. Political Capture and Economic Inequality*, Oxford 2014.

139 Das Gesamtvermögen schließt neben dem Finanzvermögen, auf das die Studie des »Tax Justice Network« rekurrierte, auch Sachvermögen wie Immobilien ein.

140 Marx, Karl: *Das Kapital. Kritik der politischen Ökonomie. Erster Band* (1867), Berlin 1985, S. 530.

141 Vgl. *Die Welt* vom 13.10.2014: Cristiano Ronaldo kostet eine Milliarde Euro.

142 Vgl. Schröder, Gerhard: Bangladeschs Textilindustrie: Niedrige Löhne und gefährliche Arbeit, in: *Deutschlandfunk*, Beitrag vom 24.04.2014, online abrufbar unter der URL: http://www.deutschlandfunk.de/bangladeschs-textil industrie-niedrige-loehne-und.724.de.html?dram:article_id=283613 (Stand: November 2015).

143 Vgl. Handelsblatt vom 12.03.2015: Volkswagen-Bilanz. Winterkorn steigert Gehalt – Prämie für Arbeiter sinkt.

144 Vgl. Statistisches Bundesamt: Verdienststrukturerhebung 2010; zum Zeitpunkt der Fertigstellung des Buches gab es leider noch keine aktuellere statistische Erhebung.

145 Vgl. Forbes-Liste 2014, online einsehbar unter der URL: http://www.forbes. com/profile/susanne-klatten (Stand: Juli 2015).

146 Konsumausgaben und Steuern einerseits sowie mögliche Zinseinkünfte andererseits nicht berücksichtigt, zur Währungsumrechnung wurde der Wechselkurs vom 26. Juni 2015 zugrunde gelegt (1 Euro = 1,11 Dollar), Ergebnis gerundet.

147 Regie: Hubert Sauper, Länge: 107 Minuten, Erscheinungsjahr: 2004.

148 Vgl. Piketty, *Kapital*, S. 587. Der Grund für das beständige Anwachsen seines Vermögens auch ohne eigene Arbeitsleistung liegt in den Besitzeinkünften, die er durch sein inzwischen angehäuftes Vermögen beziehen kann. Mehr zur Rolle der »Besitzeinkünfte« auf Seite 123.

149 Manche Verfechter des Marktmechanismus geben zwar zu, dass die durch Angebot und Nachfrage bedingte Verteilung nicht immer leistungsgerecht sei. Zumindest biete der Markt aber jedem die *Chance*, sich aus eigener Kraft der Armut zu entledigen und es selbst zu Reichtum zu bringen. Meist genügten eine gute Idee und der nötige Wille, um es wie ein Bill Gates bis ganz nach oben zu schaffen. – Seien wir realistisch: Wie hoch liegt die soziale Aufstiegschance einer Näherin aus Bangladesch? Selbst wenn in ihrem Inneren ungeahnte Talente schlummerten, wie könnte sie diese jemals zur Entfaltung bringen? Wer aus armem Hause stammt, keine Schulbildung erhält und kein Studium finanzieren kann, wer um des Überlebens willen zur ständigen Lohnarbeit verdammt und nach erledigter Arbeit als Mutter und Haushaltskraft eingespannt ist, der wird es wohl in den allerseltensten Fällen vom Tellerwäscher zum Millionär schaffen. Vergessen wir nicht, dass Bill Gates aus einer wohlhabenden Juristenfamilie stammte und die besondere Förderung einer Privatschule genoss. Die Chancen sind einfach extrem ungleich verteilt und die Eliten reproduzieren sich größtenteils selbst (vgl. Friedrichs, Julia: *Gestat-*

ten: Elite – Auf den Spuren der Mächtigen von morgen, Hamburg 2008). Das ist übrigens nicht erst seit heute so, sondern von Anbeginn eine Begleiterscheinung des Kapitalismus. Kein Bauer und kein Kleinhandwerker der Welt hätte in der Entstehungsphase des Kapitalismus die nötigen Mittel aufbringen können, Minen, Maschinen und Fabriken zu erwerben. Wohlhabende Adlige und reiche Fernhändler waren viel eher dazu in der Lage, das erste bedeutende Sachkapital zu bilden. Zu reichen Kapitalisten wurden darum von Anbeginn an eher diejenigen, die auch vorher schon reich waren.

150 Vgl. *Focus* vom 21.08.2013: Gehaltserhöhung für Bundespräsidenten. Joachim Gauck und seine Vorgänger bekommen mehr Geld.

151 Vgl. Piketty, *Kapital,* S. 294.

152 Vgl. Creutz, Helmut: *Das Geld-Syndrom. Wege zu einer krisenfreien Marktwirtschaft,* Aachen 2003, S. 346 f. Seine Angaben bezieht Creutz auf einen Artikel der gewiss nicht seriösen *Bild-Zeitung* vom 27.06.1990. Ob diese Angaben stimmen und wie der betreffende Journalist recherchiert hat, kann ich heute unmöglich überprüfen. In einer Neuauflage des Buches aus dem Jahr 2014 wurde das Beispiel nicht mehr berücksichtigt (*Das Geld Syndrom 2012: Wege zu einer krisenfreieren Wirtschaftsordnung,* Aachen 2014). Denkbar wären derartige Beträge aber durchaus, wenn man zum Beispiel von einem durchschnittlichen Zinssatz von 4 Prozent ausgeht, der für 1990 realistisch ist. Bei täglichen Zinseinnahmen von umgerechnet 540.000 Euro bedürfte es demnach eines angelegten Geldkapitals von knapp 5 Milliarden Euro, das entspräche einem Drittel des heutigen Vermögens der Susanne Klatten und könnte dementsprechend auf die damalige Situation passen, was aber wie gesagt nicht sicher ist. Womöglich hat die *Bild-Zeitung* damals den Zinsbegriff auch im weiteren Sinne als Kapitaleinkünfte (also inklusive Mieten, Dividenden etc.) verstanden, was jedoch für unsere Untersuchungszwecke nicht weiter problematisch wäre, weil ja nicht nur der Zins im engeren Sinne, sondern sämtliche Kapitaleinkünfte aus Aneignung fremder Arbeitsleistung stammen, was das Grundsätzliche ist, was in diesem Beispiel gezeigt werden soll. Vielleicht hat die *Bild-Zeitung* auch nur andeuten wollen, welchen fiktiven Zinsbetrag Klatten erhielte, würde sie ihre gesamten Vermögen festverzinslich in Sparbücher und Anleihen anlegen. Sollte dies so gemeint gewesen sein, beeinträchtigte das die folgende Argumentation ebenfalls nicht, zumindest nicht der Logik nach, sondern allenfalls in Bezug auf die Höhe der angegebenen Zahlen.

153 Stand: November 2015.

154 Gelegentlich versucht man Zinskritiker sogar mit dem Vorwurf des »strukturellen Antisemitismus« mundtot zu machen. Wer den Zinsmechanismus

kritisiert, könnte ja insgeheim auch Juden schlechtreden wollen (siehe etwa die groteske Kritik Hermann Lührs an Bernd Senf in Lührs, Hermann: Die blinden Flecken der Ökonomie und ihr chiffrierter Gehalt, in: *Zeitschrift für Geschichtswissenschaft* 1/2008, S. 55–62). Meines Erachtens sind solche Generalverdächtigungen verleumderisch und diskreditieren eher ihre Urheber als ihre Adressaten. Um mich vor ähnlichen Anschuldigungen vorab zu schützen, sage ich an dieser Stelle ganz deutlich: Nein, ich hege keinerlei antisemitische Vorstellungen und argumentiere grundsätzlich nicht interessengeleitet gegen eine religiöse oder kulturelle Gruppe. Stattdessen untersuche ich rein wahrheitsorientiert die Wirkmechanismen unseres ökonomischen Systems. Es ist beschämend, dass man sich hierfür rechtfertigen muss.

155 Die folgenden Angaben beziehen sich auf Jungbluth, Rüdiger: *Die Quandts. Ihr leiser Aufstieg zur mächtigsten Wirtschaftsdynastie Deutschlands*, Frankfurt a. M. 2002.

156 Stand: Juli 2015. Die je aktuelle Platzierung Buffets ist online abrufbar unter der URL: http://www.forbes.com/profile/warren-buffett/.

157 Zitiert nach Joffe, Joseph: Geben macht selig. US-Milliardäre stiften ihr Vermögen. Warum nicht die deutschen?, erschienen in *Die ZEIT* Nr. 52/2010.

158 Vgl. Jungbluth, Rüdiger: Das Buch zur Debatte. Was eine Studie über die NS-Geschichte der Familie Quandt zutage fördert, in: *Die ZEIT*, Nr. 39/2011.

159 Offshore-Inseln sind Finanzplätze mit geringem Steuerniveau und geringer Regulierungsintensität, aber hoher Geheimhaltung. Als Inseln sind diese Finanzplätze nicht nur geographisch »offshore« (deutsch: küstenfern), sondern auch juristisch. Obschon oftmals zum Mutterland gehörend, gelten auf besagten Inseln völlig andere Regeln in Bezug auf Besteuerung und Finanzgesetzgebung.

160 Vgl. Niessen, *Nachhaltigkeit*, S. 217 f.

161 Global Governance meint die gemeinsame und regelgeleitete Lösung globaler Probleme durch verschiedene Staaten im Rahmen entsprechender institutioneller Arrangements.

162 Global Government meint wörtlich übersetzt »Weltregierung«. Eine Weltregierung setzte ein entsprechendes Gewaltmonopol und insofern einen einheitlichen Weltstaat anstelle vieler unabhängiger Nationalstaaten voraus.

163 Vgl. Niessen, Frank: *Wegweiser Philosophie. Eine Orientierung für Einsteiger*, Stuttgart 2011, S. 18 ff.

164 Vgl. Schopenhauer, Arthur: *Aphorismen zur Lebensweisheit* (1851), Köln 2007.

165 Vgl. Fromm, Erich: *Vom Haben zum Sein. Wege und Irrwege der Selbsterfahrung*, Weinheim 1990.

166 Vgl. Zotz, Volker: *Mit Buddha das Leben meistern. Buddhismus für Praktiker*, Reinbek bei Hamburg 2004.

167 Vgl. Reiser, Marius: »Selig die Reichen!« – »Selig die Armen!« – Die Option Jesu für die Armut, in: *Erbe und Auftrag* 74/1998, S. 451–466.

168 Vgl. Bobzin, Hartmut: *Der Koran. Eine Einführung*, München 1999, S. 42 f.

169 Schopenhauer, *Aphorismen*, S. 17.

170 Fromm, *Vom Haben zum Sein*, S. 126.

171 Matthäus 6,19–23.

172 Vgl. Bucher, Anton: *Psychologie des Glücks. Ein Handbuch*, Weinheim 2009 sowie Lyubomirsky, Sonja: *Glücklich sein. Warum Sie es in der Hand haben, zufrieden zu leben*, Frankfurt a. M. 2008.

173 Vgl. Frey, Bruno S.; Frey Marti, Claudia: *Glück. Die Sicht der Ökonomie*, Zürich 2010, S. 49.

174 Ebenda, S. 58 f.

175 Ebenda, S. 57.

176 Ebenda, S. 54 ff.

177 Vgl. Ruckriegel, Karlheinz: *Ergebnisse der Glücksforschung. Folgerungen für Politik und Unternehmen – ein Paradigmenwechsel. CRM-Monatsbrief*, Dezember 2006, online abrufbar unter der URL: http://www.ruckriegel.org/papers/ Fachbeitrag_Gluecksforschung_Ruckriegel.pdf (Stand: November 2015).

178 Vgl. Frey/Frey Marti, *Glück*, S. 79–93.

179 Ebenda, S. 15 f.

180 Ebenda, S. 132–142.

181 Vgl. Ruckriegel, *Ergebnisse*.

182 Ein auf Wachstum und privater Gewinnsteigerung basierendes System wie der Kapitalismus ist für die hier empfohlenen Maßnahmen einfach nicht ausgelegt. Wir müssen uns daher für neue Formen der politischen Organisation von Wirtschaftsprozessen öffnen. Von der propagandistisch eingetrichterten Vorstellung, zum Kapitalismus gäbe es nach dem Scheitern des »real existierenden Sozialismus« keine Alternative, müssen wir endlich Abstand nehmen.

Harald Trabold

Kapital Macht Politik

Die Zerstörung der Demokratie

2014, 563 Seiten
Klappenbroschur
19,95 € [D] / 20,60 € [A]
ISBN 978-3-8288-3330-2

Die Macht des Volkes ist längst zu einer Phrase in Sonntagsreden verkommen. In den westlichen Demokratien herrscht nicht mehr das Volk, sondern das Kapital. Politiker regieren die Bürger, aber Finanzmärkte und Großkonzerne regieren die Politik. Lobbyisten steuern die Gesetzgebung zum Wohl der Großkonzerne, PR-Agenturen machen Kapitalismus-Propaganda, die Unterhaltungsindustrie stellt das Volk ruhig und das Bildungssystem erzieht ökonomisch verwertbaren Nachwuchs. Es ist der klare Blick eines erfahrenen Insiders, der das Warum dahinter aufdeckt. Seit 2005 ist Trabold Professor für Volkswirtschaftslehre mit zahlreichen Veröffentlichungen u. a. zu den Themen Globalisierung, Wettbewerbsfähigkeit, Finanzkrise. Zudem ist er als Berater für UN-Organisationen, die Europäische Kommission und das Wirtschaftsministerium tätig gewesen.

»Harald Trabold – Ökonomie-Professor an der Hochschule Osnabrück und ausgewiesener Fachmann für internationale Wirtschaftsbeziehungen – beschreibt detailreich, fesselnd und bildhaft, wie der Kapitalismus sich anschickt, die Demokratie auszuhebeln. [...] Dieses Buch ist für jeden an Politik und Wirtschaft Interessierten ein großer Gewinn.« Herbert Wilkens – Netzwerk Grundeinkommen

Prof. Dr. Harald Trabold, geboren 1958, Studium der VWL in Regensburg und Boulder (USA), danach für die KfW (Frankfurt) und UNCTAD (Genf) tätig. Seit 2005 Professor für Volkswirtschaftslehre an der Hochschule Osnabrück. Zahlreiche Veröffentlichungen zu den Themen Globalisierung, Finanzkrise. Beratungstätigkeit für verschiedene UN-Organisationen, Europäische Kommission etc. Seit 2011 Leiter des als Reaktion auf die Finanzkrise neu konzipierten Studiengangs Angewandte Volkswirtschaftslehre an der Hochschule Osnabrück.

Christian Kreiß

Profitwahn

Warum sich eine menschengerechtere
Wirtschaft lohnt

2013, 232 Seiten
Klappenbroschur
17,95 € [D] / 18,50 € [A]
ISBN 978-3-8288-3159-9

Die Finanzwirtschaft ist längst mächtiger als die Politik, in unserer Demokratie entscheidet nicht mehr der Mensch, sondern das Geld. Christian Kreiß tritt an gegen die Diktatur der Finanzmärkte und gegen seine eigene Zunft – die Wirtschaftsexperten. Sie beraten die Regierungen der Welt und beeinflussen, was der Öffentlichkeit als wissenschaftliche Wahrheit verkauft wird. Mit historischen Fakten und aktuellen Zahlen entlarvt Kreiß das zu bitterem Ernst gewordene Monopoly-Spiel der Finanzindustrie. Er veranschaulicht, wie in der Vergangenheit jede wirtschaftliche Wachstumsphase in sozialen Unfrieden und Chaos umschlug. Seine erschreckende Bilanz: Wir selbst befinden uns am Ende einer solchen Periode. Es ist höchste Zeit für eine Gesellschaftsordnung, die Mensch und Umwelt gerecht wird. Auf dem Spiel stehen ein menschenwürdiges Dasein und echte Demokratie.

»Hier ist einem Wirtschaftswissenschaftler endlich gelungen, sein Berufsfeld mit der nötigen Distanz und gleichzeitig Unvoreingenommenheit zu sehen, die ihm erlaubt, genau die Schwachstellen aufzudecken, die unsere Wirtschaft in den letzten Jahren immer deutlicher in den Abgrund führen, und darüber hinaus auch (noch) gangbare Wege aufzuzeigen, wie dies verhindert werden kann. Ein äußerst seltener Glücksfall! Profitwahn ist für Fachleute und Laien ein unverzichtbares und zukunftsweisendes Werk.« Prof. Dr. Margrit Kennedy (Gründerin von Occupy Money)

Prof. Dr. Christian Kreiß, geboren 1962, Investment Banker, Finanzkrisen-Spezialist und Erfolgsautor der aufsehenerregenden Studie »Geplante Obsoleszenz«. Zahlreiche Veröffentlichungen, Vorträge, Rundfunk- und Fernsehinterviews zur aktuellen Finanzkrise.